Index

M

N

O

P

Q

D

E

F

G

H

Índice

Créditos de fotos / *Credits*

www.patrian.com.ar

Fotografías / *Photographs* ALBERTO PATRIAN

Fotógrafo ambientalista, colaborador permanente en la Biblioteca del American Museum of Natural History de Nueva York y del Science Museum de Long Island. También es colaborador de la Subsecretaría de Turismo de Santa Cruz, las Secretarías de Turismo de Chubut, Puerto Madryn y El Calafate. Es miembro del The Explorers Club, Nueva York. Publica en diversos medios gráficos de Argentina, América del Sur y Europa.

Environmental photographer, Fellow of the American Museum of Natural History of New York and of the Science Museum of Long Island. He also contributes to the Department of Tourism of Santa Cruz, the Departments of Tourism of Chubut, Puerto Madryn and El Calafate. He is a member of The Explorers Club, NYC. His works are published in various journalistic media of Argentina, South America and Europe.

Colaboraciones Kiki Boccarelli: 19 y 28 de enero, 25 febrero, 29 y 30 de marzo, 16 y 29 de mayo, 28 de junio, 17 de julio, 23, 24 y 27 de agosto, 2 de septiembre, 13 y 26 de octubre, 1, 12, 14, 15 y 28 de noviembre, 29 de diciembre. Pablo Cersósimo: 9 de diciembre. Paulo Backes: 5 de marzo, 3 de julio. Claudio Suter: 2 y 18 de abril, 25 de junio, 30 de octubre. Balder SRL: 13 de septiembre. Horacio Alba: 31 de diciembre. Gabriel Hernandez: 13 de enero, 10 y 18 de febrero, 23 y 24 de abril, 20, 23 y 24 de mayo, 2 y 13 de junio. Martín Mauro: 14 de enero.

Contributions *Kiki Boccarelli: January 19th & 28th, February 25th, March 29th & 30th, June 28th, July 17th, August 23rd, 24th & 27th, September 2nd, October 13th & 16th, November 1st, 12th, 14th, 15th & 28th, December 29th. Pablo Cersósimo: December 9th. Paulo Backes: March 5th, July 3rd. Claudio Suter: April 2nd & 18th, June 25th, October 30th. Balder SRL: September 13th. Horacio Alba: December 31st. Gabriel Hernandez: January 13th, February 10th & 18th, April 23rd and 24th, May 20th, 23rd & 24th, June 2nd & 13th. Martín Mauro: January 14th.*

Agradecimientos / *Acknowledgments*

Laura Esteve, Jean Hurst, Darío Polak, Verónica Alvarez Pesce, María Dolores Dotras, Cynthia Cravero Klinsky, Estefanía Olmos, Andrea Bongiovanni, Mariana Voglino, Javier López, Florencia Carrizo, Juan Manuel Amoedo.

Avenida Corrientes
(Ciudad de Buenos Aires)

Las luces de los carteles de neón animan la noche de la avenida Corrientes, centro de la actividad teatral de la ciudad, con sus numerosos cines y teatros, librerías, cafés y restaurantes.

Corrientes Avenue
(Buenos Aires City)

Neon sign-lights illuminate the night life along Corrientes Avenue, a hub of the city's theatrical activities, with its numerous cinemas and theatres, book-shops, cafés and restaurants.

1 **julio**
July

Tucán

Oriundo de las selvas tropicales sudamericanas, el tucán encuentra en los altos y frondosos árboles del Parque Nacional Iguazú un hábitat ideal. Su gran pico es sumamente liviano, ya que está constituido internamente por una serie de celdillas llenas de aire.

Toucan

For the toucan, originally from Southamerican tropical jungles, the tall, leafy trees of the Iguazú National Park are an ideal habitat. Its great beak is surprisingly light, as it is internally made up of a series of air-filled cells.

julio
July
2

Pingüino rey

El pingüino rey, de casi 1 metro de altura, tiene una mancha de color amarillo naranja detrás de los ojos y en la garganta. Se acercan en grandes grupos a la costa en septiembre para cambiar el plumaje y reproducirse.

King Penguin

Almost 1 metre high, the King Penguin displays an orange-yellow marking behind its eyes and on its throat. In large groups, they cluster on the coast in September, when they moult and mate.

30 **junio**
June

Chorrillo serrano (Córdoba)

Paisaje de las proximidades de San Javier, en la región de Traslasierra, provincia de Córdoba. El valle de Traslasierra, uno de los principales atractivos turísticos de la provincia, corre de norte a sur entre las Sierras Grandes y las sierras de Altautina y de Pocho.

Stream in the hills (Córdoba)

A scene from the landscape of the surroundings of San Javier in the region of Traslasierra in the province of Córdoba. The Traslasierra valley, one of the biggest tourist attractions of the province, runs from north to south between the Sierras Grandes and the Altautina and Pocho hills.

3 julio
July

San Juan

Un burro cargado de leña en los senderos de las sierras no es un elemento extraño en el paisaje de la provincia de San Juan. Asnos y mulas son muy apreciados en las regiones montañosas como bestias de carga por su confiabilidad y resistencia.

San Juan

A donkey carrying a load of wood along the paths in the hills is no rarity in the landscape of the San Juan province. Asses and mules are valued in these hilly regions as beasts of burden for their reliability and resistance.

junio
June

4 julio
July

Trigo

La región pampeana concentra la mayor parte del área de cultivo de trigo de la Argentina. En la campaña 2004-2005, el país produjo 16 millones de toneladas de trigo, con un saldo exportable de alrededor de 11 millones de toneladas.

Wheat

The greatest wheat-growing area in Argentina is concentrated in the Pampa region. During the 2004-2005 effort, Argentina produced 16 million tons of wheat, of which 11 million tons were exported.

Santa Fe

Al atardecer, los rayos del sol encienden las aguas de esta laguna en la provincia de Santa Fe, que se formó como consecuencia de las grandes inundaciones que dejaron sumergidas bajo el agua enormes extensiones de tierras cultivables.

Santa Fe

In the province of Santa Fe, the evening rays of the sun light up the waters of this lagoon which appeared after the great floods which left huge extensions of arable land under water.

28 **junio**
June

Cementerio de Aymará (Jujuy)

En la Quebrada de Humahuaca, provincia de Jujuy, este cementerio impone silencio a una conocida copla que cantan los lugareños: “Pacha Mama, Madre Tierra, no me lleves todavía, que aún yo soy joven y no sembré mi semilla”.

Cemetry in Aymará (Jujuy)

In the Humahuaca valley, province of Jujuy, this cemetery lays silence upon a well-known couplet which is sung by the local inhabitants: “Pacha Mama, Mother Earth, do not take me yet, I am still young and have not sown my seed.”

Gauchos salteños

Para proteger sus piernas mientras se desplazan a caballo por los montes espinosos del noroeste argentino, los paisanos de la zona emplean llamativas prendas de cuero llamadas guardamontes.

Gauchos from Salta

When they ride, local horsemen wear impressive leather chaps, called "guardamontes", in order to protect their legs and their horses from the thorny Northwestern Argentine brush.

27 **junio**
June

Zarzamora

De la familia de las rosáceas y de origen europeo como la rosa mosqueta, la zarzamora es otra de las especies extendidas en la Patagonia. Tanto los frutos, bayas compuestas de granos negros lustrosos, como las hojas y flores, tienen propiedades terapéuticas.

Blackberry

From the Rosaceae family and of European origin, as the dog-rose, the blackberry also has spread through Patagonia. Its fruit, lustrous black berries, and its leaves and flowers have therapeutic properties.

6 **julio** *July*

Puente Nicolás Avellaneda
(Ciudad de Buenos Aires)

Fue construido sobre el Riachuelo en 1939 para permitir el tránsito peatonal y vehicular entre la Capital y el territorio de la Provincia de Buenos Aires, en reemplazo del viejo Puente Transbordador de hierro de 1908, hoy Monumento Histórico.

"Nicolás Avellaneda" Bridge
(Buenos Aires City)

It was constructed over the Riachuelo river in 1939 to allow pedestrian and automobile traffic access between the Capital and the territory of the Province of Buenos Aires, replacing the old iron footbridge of 1908, which is today a Listed Historical Monument.

7 julio
July

Estancias (Santa Cruz)

Muchas de las estancias de la provincia de Santa Cruz están abiertas al turismo. Los trabajos cotidianos centrados en la cría de ovinos, la pesca, las caminatas y safaris fotográficos, las expediciones paleontológicas y las cabalgatas son parte de las actividades que ofrecen al visitante.

Ranches (Santa Cruz)

Many of the ranches in the Santa Cruz province are open to tourists. The daily farm chores of sheep-breeding and fishing, trekking, photographic safaris, paleontological expeditions and horse-riding are only some of the activities offered to the visitor.

Aconcagua (Mendoza)

Con sus 6.959 metros, el Aconcagua es la cumbre más alta de América. El ascenso al Aconcagua es de gran dificultad técnica y un desafío mayor para las expediciones que lo han intentado. El primer ascenso exitoso fue dirigido por Edward FitzGerald en 1897.

Aconcagua (Mendoza)

With its 6,959 m, the Aconcagua is the highest peak in America. Technically, it is very difficult to climb and presents a major challenge to those expeditions which attempt it. The first successful climb was led by Edward FitzGerald in 1897.

Lobo marino de un pelo

El lobo marino de un pelo es el más común en la península Valdés. Se alimenta en el mar cazando pulpos, calamares y peces. En época de apareamiento y parición se pueden ver grandes grupos de ellos en los apostaderos.

Single-haired sea-lion

The single-haired sea-lion is the most common animal on the Valdés peninsula. It feeds in the sea, capturing octopus, squid and fish. During the mating and birthing season, huge groups of these animals may be seen in settlements.

julio
July
8

Estancia La Paz (Córdoba)

En Ascochinga, provincia de Córdoba, la estancia La Paz -que perteneció a Julio A. Roca, dos veces Presidente de la Nación- ofrece al turista el remanso de su magnífico casco histórico de 1870 en medio de su bello entorno de la Sierra Chica.

"La Paz" Ranch (Córdoba)

In Ascochinga, province of Córdoba, the "La Paz" ranch, which belonged to Julio A. Roca, twice President of the Nation, offers visitors the peaceful atmosphere of its magnificent historic main house, dating from 1870 and set in the beautiful surroundings of Sierra Chica.

24 **junio** *June*

Caminito
(La Boca, Ciudad de Buenos Aires)

Galería de arte al aire libre e improvisado escenario para el tango, el pasaje Caminito concentra el espíritu de La Boca, barrio nacido de la inmigración -mayormente genovesa- que le dio su peculiar fisonomía y llegó a declararlo, en 1882, "República Independiente".

Caminito
(La Boca, Buenos Aires City)

An open-air art gallery and a makeshift tango stage, Caminito street expresses the essence of La Boca, a neighborhood built up by immigrants -mainly Genoese- who gave it its particular style and even declared it an "Independent Republic" in 1882.

9 **julio** *July*

Isla de los Lobos
(Tierra del Fuego)

Situada en el Canal de Beagle, esta isla está habitada por una colonia estable de lobos marinos de uno y dos pelos. También es visitada por los amantes del buceo, que esperan la visita de los lobos entre el bosque de algas que rodea la isla.

Isla de los Lobos
(Tierra del Fuego)

Situated in the Beagle Channel, this island is inhabited by a settlement of one- and two-haired sea-lions. Divers visit the island, hoping to see the sea-lions in the sea-weed forest which surrounds the islet.

Cría de ovinos

La cría de ovinos es una de las actividades básicas de la economía patagónica. Las ovejas de raza Merino, muy difundida en la región, se cruzan con carneros de raza sintética Frisona x Texel con el fin de aumentar su rendimiento de carne.

Sheep-breeding

Sheep-breeding is one of the basic activities of the Patagonian economy. Merino sheep, widely found in the region, are crossed with rams of the synthetic Frisona x Texel breed, in order to increase their meat yield.

10 **julio**
July

Cañadón del río Pinturas (Santa Cruz)

Las pinturas rupestres que pueden observarse en las cuevas y aleros a lo largo del cañadón corresponden a diversos períodos que van del año 8000 a.C. hasta el año 1000 d.C. En algunas, incluso, conviven varios períodos superpuestos.

Río Pinturas Canyon (Santa Cruz)

The cave-paintings which can be seen in the caves and on the rock overhangs along the canyon belong to various periods which date from the year 8000 B.C. to the year 1000 A.C. Some of these display overlapping paintings from different periods of time.

22 **junio**
June

Cataratas del Iguazú (Misiones)

En la confluencia de los ríos Iguazú y Paraná, una falla geológica producida hace 200.000 años dio nacimiento a una cortina de agua en forma de herradura, de 80 metros de altura y 150 metros de extensión, que se impone entre otros cientos de cascadas.

Iguazú Falls (Misiones)

Where the Iguazú and Paraná rivers meet, a geological fault produced 200,000 years ago gave birth to a horse-shoe-shaped curtain of water, 80 metres high and 150 metres long, which stands out among hundreds of other waterfalls.

julio
July
11

Caleta Valdés (Chubut)

Caleta Valdés es una barra de 30 km de largo formada por canto rodado, tierra y arena, ubicada a 100 km de Puerto Pirámides. La barra encierra una lengua de mar, que se conecta con el océano por una boca que se ha estrechado notablemente en los últimos años.

Caleta Valdés (Chubut)

Caleta Valdés is a 30-km-long spur made up of pebbles, earth and sand, located 100 km from Puerto Pirámides. The spur encloses sea-water which is connected to the ocean by a mouth which has become noticeably narrower in the last few years.

21 junio
June

Orca

Estos cetáceos que -a diferencia de las ballenas- poseen dientes, son veloces nadadores y hábiles cazadores de peces, lobos de mar, focas, pingüinos y hasta tiburones. Se caracterizan por su color negro brillante, vientre blanco y una mancha ovalada blanca cerca del ojo.

Orca

These cetaceans, unlike whales, possess teeth; they are swift swimmers and skilful hunters of fish, sea-lions, seals, sharks and penguins. They are typically a shiny black color, have a white belly and a white oval marking near each eye.

12 **julio**
July

Museo Nacional de Bellas Artes
(Ciudad de Buenos Aires)

Es uno de los museos más importantes de Latinoamérica. Después de haber exhibido sus obras en "Au Bon Marché", hoy Galerías Pacífico, y en el Pabellón Argentino, en 1931 se instaló en su actual emplazamiento, que fue Casa de Bombas de la ciudad.

National Museum of Fine Arts
(Buenos Aires City)

This is one of the most important art museums of Latin America. After exhibiting its works in "Au Bon Marché", today Galerías Pacífico and in the "Argentine Pavilion", it found a permanent home in its current site in 1931, the city's former water pumps facility.

junio
June
20

13 julio
July

Girasoles

El girasol es originario de América del Norte. A la Argentina llegó como cultivo con fines comerciales a través de Rusia en el siglo XIX y se fue extendiendo a tal punto que hoy la Argentina es el mayor exportador mundial de aceite de girasol.

Sunflowers

The sunflower is native to North America. It arrived in Argentina as a commercial crop through Russia during the 19th century and spread to such an extent that today, Argentina is the largest sunflower-oil exporter in the world.

Escalada (Santa Cruz)

El glaciar Perito Moreno, ubicado en el extremo sur del Parque Nacional Los Glaciares, en la provincia de Santa Cruz, representa un desafío inigualable para los amantes de este deporte.

Ice climbing (Santa Cruz)

In the extreme south of Los Glaciares National Park in the province of Santa Cruz, the Perito Moreno glacier poses an unparalleled challenge to those lovers of this sport.

19 junio
June

Esquina de Buenos Aires

La arquitectura de Buenos Aires ofrece inesperados contrastes de estilos, como el que tiene lugar en esta esquina de la ciudad, donde se superponen el pasado y el presente.

Buenos Aires City Corner

Buenos Aires surprises the tourist with unexpected contrasts in architectural styles, such as those seen on this city corner, where past and present meet.

julio
July
14

Arroyo Ragintuco (Neuquén)

En las proximidades de Puerto Manzano, en Villa La Angostura, el arroyo Ragintuco corre entre espesos bosques. En la desembocadura del arroyo es posible la pesca con mosca, con devolución obligatoria.

Arroyo Ragintuco (Neuquén)

Close to Puerto Manzano in Villa La Angostura, the Ragintuco river runs through dense forests. At the river mouth, fly-fishing is popular, though fish must be returned to the water.

18 junio
June

Valle de la Luna (San Juan)

El sorprendente paisaje del Parque Provincial Ischigualasto también denominado Valle de la Luna, es un yacimiento paleontológico de 62.000 hect. Allí es posible hallar restos de vertebrados de más de 220 millones de años y evidencias de primitivas culturas.

Valle de la Luna (San Juan)

The amazing landscape of the Ischigualasto Provincial Park, also known as "Valley of the Moon", is a 62,000 ha paleontological field. The remains of vertebrates over 220 million years of age may be found here, as well as evidence of primitive cultures.

15 **julio**
July

Bodega

Las bodegas de Salta contribuyen con la alta calidad de sus vinos al prestigio que Argentina se ha ganado en el mercado mundial. La bodega Etchart -que inició su actividad vitivinícola en Cafayate en 1850- exporta hoy sus productos a más de 20 países.

Winery

The excellent quality of the wines of Salta enhances the prestige that Argentina has earned on the world wine market. Today, the Etchart winery -which began its oenological activity in Cafayate in 1850- exports its products to over 20 countries.

Nevado de Cachi (Salta)

El Nevado de Cachi, en la provincia de Salta, es un sistema montañoso formado por nueve cumbres, la más alta de las cuales supera los 6.300 metros. Importantes restos arqueológicos se han hallado tanto en las cumbres como en las laderas del Cachi.

Nevado de Cachi (Salta)

The Cachi range, in the province of Salta, is a mountain chain of nine peaks, the highest of which reaches over 6,300 m. Important archaeological remains have been found not only on the sides but on the peaks of Cachi.

Ruta 40

Los más de 4.800 kilómetros de la Ruta 40 recorren la Argentina de norte a sur. Paralela a la cordillera de los Andes, nace en la ciudad de Mendoza y desde allí se extiende hasta Abra Pampa, en Jujuy, y Cabo Vírgenes, en Santa Cruz.

Route 40

Route 40 is 4,800 kilometres long and travels Argentina from North to South. It runs parallel to the Andes and begins in the city of Mendoza and from there, extends to Abra Pampa, in Jujuy and Cabo Vírgenes, in Santa Cruz.

16 **junio** *June*

Habitantes del bosque

Con frecuencia, en los añosos troncos de los bosques de la Patagonia se instalan coloridos líquenes. Los líquenes, que son una asociación de algas y hongos, soportan condiciones extremas de temperatura y humedad y contribuyen al enriquecimiento del suelo.

Forest dwellers

Colourful lichens frequently grow on the ancient trunks of the Patagonian forest trees. The lichens -which are a hybrid of algae and fungus- withstand extreme weather conditions and contribute to the richness of the soil.

julio
July
17

La Boca (Ciudad de Buenos Aires)

“Caminito” es una colorida calle peatonal de tan sólo 100 metros, ubicada en el barrio de La Boca. Ese fue el famoso "caminito" por el que transitaba a diario Juan de Dios Filiberto, quien luego escribió el tango que lleva su nombre.

La Boca (Buenos Aires City)

“Caminito” is a colourful pedestrian road, just 100 m long in the neighbourhood of La Boca. This was the “little street” that Juan de Dios Filiberto used to walk along daily; he later wrote the tango that bears its name.

15 **junio**
June

Doma

La doma es una de las actividades esenciales del medio rural, donde el caballo sigue siendo irremplazable en muchas tareas. Mediante la doma, que suele ser espectáculo central de muchas festividades gauchas, la destreza del domador convierte al potro en confiable herramienta de trabajo.

Breaking-in

Breaking in horses is an essential craft in the countryside, where the horse is irreplaceable in many tasks. At the breaking-in rodeo, which is always the high spot of many gaucho celebrations, the skill of the horsebreaker is revealed as he turns the untamed horse into a reliable working tool.

18 **julio** *July*

Secadero de pimientos

Salta es una gran productora de pimientos, que se secan para la producción de pimentón. El método tradicional de secado al sol demora entre 15 y 20 días. Si bien está muy extendido, las exigencias del mercado externo han obligado al desarrollo de nuevos métodos.

Pepper Drying

Salta is a great producer of peppers, which are dried to produce paprika. The traditional method of sun-drying takes between 15 and 20 days. Although this method is widely used, foreign market demand has brought about the development of new techniques.

Hotel Llao Llao (Bariloche, Río Negro)

Su historia está llena de vicisitudes, entre ellas, el incendio que lo destruyó totalmente en 1939, a pocos meses de su inauguración. Reconstruido en tiempo récord y remodelado varias veces -la última en 1993-, es el preferido de los turistas más exigentes.

Llao Llao Hotel (Bariloche, Río Negro)

Its history has unfortunate chapters such as the fire which totally destroyed it in 1939, only months after its inauguration. It was rebuilt in record time and has been refurbished several times -the last in 1993- and is the choice of the most demanding visitors.

19 julio
July

Sierra de Sañogasta (La Rioja)

Camino a Talampaya, se bordea la Sierra de Sañogasta. Esta sierra, que alcanza su altura máxima (2.521 m.s.n.m.) precisamente frente a Talampaya, es una prolongación del sistema de las Sierras Pampeanas.

Sierra de Sañogasta (La Rioja)

The road to Talampaya borders the hills of Sañogasta. This hill ridge, which reaches its highest point at 2,521 metres above sea level directly in front of Talampaya, is a continuation of the Pampean Hills.

13 **junio** *June*

Cañón del Atuel (Mendoza)

Dicen en Mendoza que este río, por las noches, suena como el llanto del pequeño Atuel, hijo del cacique Talú, que su madre viuda ofrendó junto con su propia vida a los dioses para que llevaran agua a su tierra, asolada por la sequía.

Atuel River Canyon (Mendoza)

In Mendoza, it is said that, by night, this river sounds like the cries of the young Atuel, son of Chief Talú. After the Chief's death, Atuel´s mother offered her own life, along with her child's, to the gods so that they would send water to the land, devastated by drought.

julio
July
20

Lago Argentino (Santa Cruz)

El fenómeno de avance del glaciar Perito Moreno sobre el Canal de los Témpanos ha llegado en oportunidades a bloquear los brazos Sur y Rico del lago Argentino, produciendo un aumento del nivel de sus aguas de más de 20 metros.

Lago Argentino (Santa Cruz)

The phenomenon of the progress of the Perito Moreno glacier over the Iceberg Channel has on occasion blocked the Sur and Rico arms of the Argentino lake, thus causing an increase in the level of its waters by over 20 metres.

12 junio
June

Delfín oscuro

Estos pequeños cetáceos son maestros de la acrobacia. Se caracterizan por tener el lomo gris oscuro y el vientre y el rostro casi blancos, con una mancha negra alrededor de los ojos. Habitualmente se los ve en grupos de hasta 20 ejemplares.

Dusky Dolphin

These small cetaceans are master acrobats. They typically have a dark grey back, their belly and face are almost white and a black spot surrounds their eyes. They can usually be seen in groups of up to 20 individuals.

21 **julio**
July

Petrel gigante

El petrel gigante tiene el plumaje gris oscuro, un poco más claro en la cabeza, pico amarillo, alas largas y angostas que alcanzan los 2 metros de envergadura y cola corta. Se alimenta de carroña y también es depredador.

Giant Petrel

The giant petrel displays dark grey feathers, slightly lighter on the head, a yellow beak, long, narrow wings which may reach a 2 m span, and a short tail. It feeds on carrion and is also a predator.

22 **julio**
July

Tango

La milonga Niño Bien, tradicional salón de baile de la calle Humberto I° en la ciudad de Buenos Aires, está abierta jueves y domingos. El salón es famoso por el piso de madera de la pista y lleva el nombre de un conocido tango de 1928, cuya letra pertenece a Soliño y Fontaina.

Tango

"Niño Bien", the traditional dance-hall on Humberto I° street in the city of Buenos Aires, is open on Thursdays and Sundays. This "milonga" is famous for its wood floor and bears the name of a well-known tango from 1928, its lyrics written by Soliño and Fontaina.

Cosecha de trigo

En la región pampeana, la cosecha del trigo genera una intensa actividad. Las cosechadoras levantando las espigas y la cascada de granos dorados que va llenando un contenedor tras otro son parte del espectáculo y merecida retribución de los esfuerzos de la siembra.

Wheat Harvest

In the Pampas region, the wheat harvest generates intense activity. The harvesters mowing down the spikes of wheat and the golden showers of grain filling one container after another are an amazing sight and a well-deserved reward after the efforts of the sowing.

10 **junio** *June*

Ushuaia (Tierra del Fuego)

La rada de Ushuaia no tiene restricciones de profundidad de fondeo y los buques de pasajeros que recalan en este puerto operan generalmente en verano, realizando cruceros al Canal de Beagle y excursiones a la Antártida.

Ushuaia (Tierra del Fuego)

Ushuaia's sea-roads impose no depth restrictions for anchoring and the cruise ships which come into this port do so generally in summer; the passengers visit the Beagle Channel and Antarctica.

julio *July* **23**

Cataratas del Iguazú (Misiones)

El Parque Nacional Iguazú abarca 67.000 hectáreas de selva subtropical que la UNESCO declaró Patrimonio Natural de la Humanidad. Las Cataratas del Iguazú suman la belleza de sus cientos de saltos a la riqueza de la fauna y la flora de la región.

Iguazú Falls (Misiones)

The Iguazú National Park covers 67,000 ha of subtropical jungle and has been declared Natural Heritage for Humanity by the UNESCO. The Iguazú Falls add the beauty of their hundreds of falls to the rich variety of the flora and fauna of the region.

9 **junio**
June

Cormorán

Grandes nadadores y buceadores, los cormoranes -de los cuales existen 36 especies distintas en el mundo- suelen vivir en colonias muy numerosas. Se alimentan exclusivamente de pescado, que son capaces de atrapar a 30 metros de profundidad.

Cormorant

There are 36 different species of cormorants in the world, living in large colonies. They are spectacular swimmers and divers. They feed exclusively on fish and can dive to a depth of 30 metres in order to catch them.

24 **julio**
July

Rosario (Santa Fe)

Sobre las barrancas del Paraná, dotada de un excelente puerto natural, Rosario -que adquirió estatus de ciudad en 1852- es una de las ciudades más importantes de la Argentina por su actividad industrial, portuaria y cultural, y su interés histórico y turístico.

Rosario (Santa Fe)

On the banks of the Paraná river, boasting an excellent natural port, Rosario -which became a city in 1852- is one of the most important cities in Argentina, due to its industrial, cultural and port activity and its historical and touristical points of interest.

junio
June
8

25 julio
July

Glaciar Perito Moreno (Santa Cruz)

Parte del hielo continental patagónico sur, que junto con el hielo continental patagónico norte forma una de las reservas de agua dulce más grandes del mundo, el glaciar Perito Moreno cubre una superficie de alrededor de 200 km^2.

Perito Moreno Glacier (Santa Cruz)

Part of the Southern Patagonian continental ice-mass which, together with the Northern Patagonian continental ice-mass, makes up one of the largest sweet water reservoirs in the world, the Perito Moreno glacier covers an area of around 200 sq km.

Punta Norte (Chubut)

Ubicada a 46 km de Península Valdés, Punta Norte es la mayor reserva continental de elefantes marinos del mundo. Tanto a principios del verano como al final del invierno, en época de parición, es posible observar un número muy considerable de ejemplares.

Punta Norte (Chubut)

46 km from Península Valdés, Punta Norte is the greatest continental reserve of sea-lions in the world. In early summer and late winter, at delivery season, huge numbers of individuals can be observed.

7 junio
June

Quebrada de las Conchas (Salta)

Esta región en la provincia de Salta es el resultado de movimientos tectónicos que tuvieron lugar a fines del Terciario y durante el Cuaternario, con sus sucesivos períodos de glaciación. El color rojo que tiñe las paredes es producto de la oxidación de hierro.

Quebrada de las Conchas (Salta)

This region in the province of Salta is the result of tectonic plate movements which occurred in the late Tertiary period and during the Quaternary and its later glaciation periods. The red colour which stains the walls is iron oxide.

julio *July* **26**

Bariloche (Río Negro)

Durante los meses de invierno,
los bosques de la base del cerro Otto
se visten de blanco para recibir a los
turistas de todo el mundo que se reúnen
a practicar sus deportes favoritos
o recorren sus maravillosos paisajes.

Bariloche (Río Negro)

During the winter months, the forests at the foot of the Otto hill dress up in white to greet tourists who come here from all over the world to practise their favorite winter sports or tour the wonderful countryside.

6 **junio**
June

Río Iruya (Salta)

A la izquierda, el camino serpentea hasta el pueblo del mismo nombre al cual sólo se puede acceder en ciertas épocas del año debido a que, en muchas oportunidades, se transforma en lecho del río.

Iruya River (Salta)

To the left, the path winds its way to the village of the same name; this village can only be reached at certain times of the year since, often, this path becomes a riverbed.

27 julio *July*

Museo Paleontológico "Egidio Feruglio" (Chubut)

En el moderno museo paleontológico de la ciudad de Trelew, la sala dedicada al período mesozoico, con los dinosaurios, es una de las grandes atracciones, junto con las excursiones al Parque Paleontológico Bryn Gwyn.

"Egidio Feruglio" Paleontological Museum (Chubut)

At the modern paleontological museum in the city of Trelew, the room dedicated to the mesozoic period, displaying its dinosaurs, is one of the main attractions, together with the excursions to the Bryn Gwyn Paleontological Park.

Ciudad de Bariloche (Río Negro)

La ciudad de San Carlos de Bariloche, fundada en 1902 sobre la costa meridional del lago Nahuel Huapi, es una de las ciudades más importantes de la provincia de Río Negro y un centro turístico que recibe a más de 650.000 turistas al año.

Bariloche City (Río Negro)

The city of San Carlos de Bariloche, founded in 1902 on the southern coast of Lake Nahuel Huapi, is one of the most important cities in the province of Río Negro and a tourist center which welcomes over 650,000 tourists every year.

28 julio
July

Ganadería

El pelaje negro de los Aberdeen Angus se destaca dentro del rodeo que pasta en estos campos de la provincia de Corrientes. La raza fue introducida en la Argentina en 1879 y es apreciada por su precocidad sexual y productiva y la excelente calidad de sus carnes.

Cattle-breeding

The black hides of Aberdeen Angus cattle stand out in the rodeo which grazes on these farms in the province of Corrientes. The breed was introduced in Argentina in 1879 and is valued for its sexual precociousness and productivity and the excellent quality of its meat.

4 junio
June

Purmamarca (Jujuy)

Bajo el sol de Purmamarca, se adormece una típica callecita, con sus edificios coloniales, sus viejos faroles de hierro y el colorido de las prendas tejidas en telar, producto de la tradicional artesanía local.

Purmamarca (Jujuy)

Asleep under the sun of Purmamarca, a typical little street has kept its colonial buildings, its old iron lamps and colourful garments woven on the loom, products of the traditional local craft.

julio
July
29

Tango

De las esquinas de los suburbios, donde nació teñido de puerto, desarraigo y transgresión, el tango pasó a recluirse en los burdeles. Allí, la proximidad de los cuerpos se ocultaba de la moral pública de las primeras décadas del siglo XX.

Tango

Born on city corners, a child of the Port, rootlessness and rebelliousness, the tango hid away in the city brothels where the closeness of bodies in the dance could hide from public morality in the early 20th century.

3 **junio** *June*

Casa Rosada
(Ciudad de Buenos Aires)

Es la sede del gobierno nacional. Durante la presidencia de Sarmiento, la fachada del edificio se pintó con una mezcla de cal, sebo y sangre bovina con el fin de impermeabilizarla, lo que le confirió el color rosado que la ha caracterizado desde entonces.

Government House
(Buenos Aires City)

This is the seat of the national government. During President Sarmiento's term in office, the façade was painted with a water-resistant mixture of lime, tallow and cow's blood, which gave it its pink colour, a characteristic feature since then.

30 julio
July

Vivir junto al río

En Villa Paranacito, Entre Ríos, a 180 km de la ciudad de Buenos Aires, las viviendas situadas sobre la costa del delta, construidas sobre pilotes, con su muelle propio, están rodeadas de magníficos sauces, ceibos, cipreses y casuarinas.

Life by the river

In Villa Paranacito, Entre Ríos, 180 km from the city of Buenos Aires, the houses on the delta are built on pilings and have their own pier. They are set amidst magnificent willows, cockspur coral trees, cypress trees and Australian pines.

El Doradillo (Chubut)

Desde la playa de El Doradillo, entre mayo y noviembre, es posible observar ballenas francas, que se acercan a la costa con sus crías. El Doradillo está ubicada a 15 km al noreste de la ciudad de Puerto Madryn.

El Doradillo (Chubut)

Between May and November, from the beaches of El Doradillo, the wildlife enthusiast may watch Right Whales as they approach the coast with their young. El Doradillo is 15 km to the northwest of the city of Puerto Madryn.

31 **julio**
July

1 **junio**
June

Aldea Los Gnomos
(El Calafate, Santa Cruz)

En esta pintoresca aldea y paseo de compras, las construcciones se caracterizan por sus techos de madera cubiertos de coirones, una gramínea perenne que se ha adaptado magníficamente a las duras condiciones de la zona.

"Los Gnomos" Village
(El Calafate, Santa Cruz)

In this picturesque village and shopping center, the wooden roofs of the buildings are covered in broom sedge, a grassy perennial which has adapted wonderfully to the harsh weather conditions of the region.

San Martín de los Andes
(Neuquén)

En primavera y verano, el blanco que salpica el paisaje de montaña de esta localidad de 18.000 habitantes ubicada junto al lago Lácar no es el de la nieve. Incontables flores de arbustos y frutos finos acompañan la llegada de la época templada en el sur de la cordillera de los Andes.

San Martín de los Andes
(Neuquén)

In spring and summer, it is not snow which spatters the mountain landscape around this village of 18,000 inhabitants by Lake Lácar. Innumerable blossoms of shrubs and fine fruit trees usher in the mild season of the southern Andes range.

agosto
August
1

Piche

Gracias a sus fuertes uñas, el piche es un experto y veloz cavador de túneles. Un adulto pesa unos 16 kilos y mide 40 cm. Su caparazón de placas óseas articuladas le permite enrollarse sobre sí mismo para protegerse del peligro.

Piche

Thanks to its strong talons, the "piche" is an expert and speedy digger of tunnels. An adult weighs about 16 kilos and measures 40 cm. Its shell, made of articulated bony scales, allows it to roll itself up as protection from danger.

31 **mayo**
May

Estadio de Boca
(Ciudad de Buenos Aires)

Inaugurada en 1940 en el barrio de La Boca, "La Bombonera", estadio del Club Atlético Boca Juniors, exhibe murales de los reconocidos artistas Benito Quinquela Martín, Pérez Celis y Rómulo Macció.

Boca Stadium
(Buenos Aires City)

Inaugurated in 1940 in the La Boca neighbourhood, "La Bombonera" ("The Chocolate Box") is the home stadium for the Boca Juniors Athletic Club; it houses murals by renowned artists Benito Quinquela Martín, Pérez Célis and Rómulo Macció.

2 agosto *August*

Catedral (Ciudad de Salta)

En reemplazo de la antigua catedral que fue destruida por un incendio, la actual se comenzó a construir en 1858; es uno de los templos más fastuosos del país, con magníficas piezas de imaginería española del siglo XVI.

Cathedral (Salta City)

Construction of this cathedral was begun in 1858, to replace the previous cathedral which had burned down; it is one of the most opulent churches in the country and possesses magnificent pieces of Spanish imagery from the 16th century.

mayo
May
30

Cerro Otto (Bariloche, Río Negro)

En la estación superior del cerro Otto, a 1.405 metros sobre el nivel del mar, una confitería giratoria que realiza un giro completo cada 20 a 40 minutos brinda la posibilidad de disfrutar del bellísimo paisaje que rodea la cumbre del cerro.

Cerro Otto (Bariloche, Río Negro)

At 1,405 metres above sea level, on the highest platform of the Cerro Otto, the revolving cafeteria performs a complete turn every 20 to 40 minutes to offer the sight of the beautiful scenery surrounding the hill peak.

3 **agosto**
August

Puente del Inca (Mendoza)

Esta formación natural sobre el río Las Cuevas, en la cordillera de los Andes, a 2.720 m.s.n.m., tiene 47 metros de largo y 28 metros de ancho. Bajo el puente surgen aguas termales cuyas temperaturas oscilan entre 34° y 38° C.

Puente del Inca (Mendoza)

This natural formation over the Las Cuevas river in the Andes range at 2,720 metres above sea level is 47 metres long and 28 metres wide. Under the bridge hot springs flow; their temperatures vary between 34 and 38 degrees C.

29 **mayo**
May

Águila harpía

Con sus casi seis kilos de peso y potentes garras y pico, esta temible predadora destroza con facilidad los cráneos de los monos, bocado preferido de su dieta. Habita los bosques tropicales de América Central y del Sur, y puede hallársela en la provincia de Misiones.

Harpy Eagle

This fearful predator destroys with ease the skulls of monkeys, its favorite morsel, using its ferocious beak and talons. It weighs almost six kilos and lives in the tropical forests of Central and South America, in Argentina, it can be found in the province of Misiones.

agosto
August
4

Glaciar Perito Moreno
(Santa Cruz)

Desde la Hostería Los Notros, al sur del Parque Nacional Los Glaciares, puede contemplarse el glaciar Perito Moreno en todo su esplendor, con su frente de 5 km de largo y una altura que alcanza los 60 metros.

Perito Moreno Glacier
(Santa Cruz)

The Perito Moreno glacier can be appreciated in all its splendour from the "Los Notros" hotel, in the south of Los Glaciares National Park; the glacier's front wall is 5 km long and 60 m high.

28 **mayo** *May*

Punta Loma (Chubut)

La Reserva de Punta Loma se encuentra sobre el Golfo Nuevo a 17 km de la ciudad de Madryn. Los lobos marinos de un pelo, presentes en Punta Loma durante todo el año y observables desde las barrancas, son una de las atracciones de esta reserva natural.

Punta Loma (Chubut)

The Punta Loma Reserve is located by the Golfo Nuevo, 17 km away from Madryn city. The single-haired sea-lions live at Punta Loma all year round and may be watched from the cliffs; they are just one of the attractions of this natural preserve.

5 **agosto**
August

Café Tortoni
(Ciudad de Buenos Aires)

El 27 de junio de 1927, Carlos Gardel fue invitado a este café con sus guitarristas José Ricardo y Guillermo Barbieri para cantar en la velada homenaje al famoso autor italiano Luigi Pirandello. En el subsuelo se organizan espectáculos de tango y jazz.

Café Tortoni
(Buenos Aires City)

On June 27th, 1927, Gardel was invited to this café with his guitarrists, José Ricardo and Guillermo Barbieri to sing during a homage to the famous Italian author, Luigi Pirandello. Today, jazz and tango shows are organized in the basement.

Península de Quetrihué (Neuquén)

En esta cabaña parador ubicada en medio del bosque de arrayanes de la península de Quetrihué, los parroquianos reponen energías y comparten sus experiencias de viajeros. La península es accesible por tierra desde Villa La Angostura y por embarcación, a través del lago Nahuel Huapi.

Península de Quetrihué (Neuquén)

A stop at this hostel cabin, built in the middle of the myrtle forest of the Quetrihué peninsula, allows visitors to rest and share their travelling experiences. The peninsula may be reached by land from Villa La Angostura and by water, across Lake Nahuel Huapi.

6 **agosto**
August

Cóndor

El cóndor habita la región andina desde Venezuela hasta Tierra del Fuego. En pleno vuelo, con sus alas totalmente desplegadas, llega a medir 3 m. Se alimenta de carroña, aunque también es capaz de capturar crías pequeñas de otros animales.

Condor

The condor lives in the Andean region, from Venezuela down to Tierra del Fuego. In flight, with wings completely extended, it may measure up to 3 m. It is a carrion feeder, although it occasionally captures the young of other species.

26 **mayo**
May

Punta Bermeja (Río Negro)

Los acantilados de la lobería de Punta Bermeja, provincia de Río Negro, son un apostadero permanente de una colonia de 4.000 lobos marinos de un pelo. Luego de la parición de los lobos, aparecen las palomas antárticas, encargadas de la limpieza natural del apostadero.

Punta Bermeja (Río Negro)

The cliffs of the sea-lion colony of Punta Bermejo, province of Río Negro, are a permanent gathering-point for a colony of 4,000 single-haired sea-lions. After the females have given birth, the Antarctic pigeons arrive to give the area a natural and ecological clean-up.

agosto
August
7

Bosques petrificados (Chubut)

La Reserva Provincial Bosques Petrificados José Ormaechea está ubicada a 38 km al sur de Sarmiento, en la provincia de Chubut. Se estima que estos restos de coníferas y palmeras, esparcidos en una franja de 80 km por 4 km de ancho, tienen unos 75 millones de años.

Fossil forests (Chubut)

The "José Ormaechea" Fossil Forests Provincial Reserve is 38 km south of Sarmiento in the province of Chubut. It has been estimated that these conifer and palm-tree remains, scattered over an area of 80 km by 4 km, are some 75 million years old.

25 **mayo** *May*

Álamos

Las hojas de los álamos centellean en el viento, plateadas en primavera y verano, doradas en otoño. Desde la región pampeana hasta los valles cordilleranos, los montes y las pantallas de álamos brindan su sombra y protegen del viento cultivos y viviendas.

Poplar Trees

Their leaves sparkle in the wind, silver in spring and summer and golden in autumn. From the Pampas region to the Andean valleys, poplar copses and screens offer protection from the wind and their shade to crops and buildings.

8 **agosto**
August

Maíz

Cultivado en América hace más de 4.000 años, es la base de la alimentación de muchos pueblos del continente. Fresco o seco, es ingrediente indispensable de preparaciones como la humita, el locro y la mazamorra, típicos de la cocina regional de la Argentina.

Maize

Cultivated in America since 4,000 years ago, corn is a food staple for many peoples of the continent. Fresh or dried, it is an essential ingredient for the preparation of "humita", "locro" and "mazamorra", all corn-based local dishes, typical of Argentina's regional cooking.

Estancia Nibepo Aike (Santa Cruz)

Cerca de El Calafate, en la provincia de Santa Cruz, se encuentra un importante establecimiento ganadero denominado Nibepo Aike, que también funciona como estancia turística. Ubicada junto al lago Roca, esta estancia es ideal para el descanso y la pesca deportiva.

"Nibepo Aike" Ranch (Santa Cruz)

Near El Calafate, in the province of Santa Cruz, Nibepo Aike is a great cattle ranch and tourist attraction. Located by Lake Roca, this imposing ranch is ideal for a restful holiday and sport-fishing.

9 **agosto**
August

Río Paraná

Con 4.000 km de recorrido hasta su desembocadura en el Río de la Plata, el río Paraná es el segundo de Sudamérica y, en la Argentina, un importante nexo para las provincias de Misiones, Chaco, Corrientes, Entre Ríos, Santa Fe y Buenos Aires.

Río Paraná

From source to mouth in the Río de la Plata, the Paraná river is 4,000 km long, making it the second longest river in South America; in Argentina, it is a vital link for the provinces of Misiones, Chaco, Corrientes, Entre Ríos, Santa Fe and Buenos Aires.

23 mayo
May

Puerto Madero
(Ciudad de Buenos Aires)

De cara al Río de la Plata, Buenos Aires presenta el horizonte renovado del complejo urbano de Puerto Madero, cuyas calles interiores llevan el nombre de 12 notables mujeres argentinas.

Puerto Madero
(Buenos Aires City)

Facing the Río de la Plata, Buenos Aires displays the renovated skyline of the Puerto Madero urban development; twelve of its inner streets are named after outstanding Argentine women.

agosto
August
10

Estancia Rincón (Santa Cruz)

Otra de las estancias patagónicas abiertas al turismo no convencional, ubicada sobre el río Santa Cruz, a una hora de El Calafate, donde aún es posible presenciar la esquila manual de ovinos "a tijera", a la manera tradicional.

"Rincón" Ranch (Santa Cruz)

This is another Patagonian ranch, open for non-traditional tourism; an hour away from El Calafate and on the Santa Cruz river, the sheep are sheared with hand-held scissors, in the traditional manner.

Mates

Los usos de la región, el gusto personal y la economía del usuario determinan el tipo de mate que utiliza: simples calabazas ahuecadas, mates tallados en maderas finas, hechos de asta, revestidos en cuero o metal, o totalmente cincelados en plata con ornamentos de oro.

Mates

Local custom, personal taste and the wallet of the owner determine the type of "mate" used: simple hollow gourds, "mates" carved out of fine woods, made of horn, covered in leather, adorned with silver or those engraved entirely in silver and gold.

11 **agosto** *August*

Las Catedrales
(PN Talampaya, La Rioja)

Una de las curiosas formaciones del PN Talampaya, rico yacimiento paleontológico, arqueológico y antropológico en la pcia. de La Rioja. La erosión fue dando forma a los materiales de aluvión acumulados allí hace miles de años, cuando la región estaba poblada de lagos.

Las Catedrales
(Talampaya NP, La Rioja)

One of the curious rock formations in the Talampaya NP, a rich paleontological, archeological and anthropological field in the province of La Rioja. Erosion carved alluvial material which accumulated here thousands of years ago, when the region was dotted with lakes.

mayo
May
21

Cordón de El Maitén

Con el Cordón de El Maitén como fondo, uno de los grandes establecimientos ganaderos de la provincia de Chubut, donde la cría de ovinos es la principal actividad productiva. En esa provincia patagónica, el 80% del producto agropecuario proviene de la lana.

El Maitén Range

With the El Maitén range as a background, one of the vast cattle-breeding farms in the province of Chubut, where sheep-raising is the principal industry. In this Patagonian province, wool makes up 80% of the agricultural produce.

12 agosto
August

Lupinos

Los lupinos no son autóctonos pero han logrado adaptarse magníficamente a las condiciones del sur de la cordillera andina. Entre noviembre y febrero, sus magníficas inflorescencias -que pueden llegar a tener hasta 150 flores- encienden el paisaje de azul, amarillo y rosa.

Lupins

The lupin is not indigenous but it has adapted magnificently to the conditions of the southern Andes range. Between November and February, its spectacular blossoms, which may number up to 150 flowers, paint the landscape blue, yellow and pink.

Pingüinera

A fin de septiembre, las parejas de pingüinos, que son monógamos, se reencuentran en tierra firme y preparan sus nidos. A fin del verano, los adultos y sus pichones vuelven al mar, hasta la siguiente temporada, cuando los jóvenes adquieren su plumaje de adultos.

Penguin Settlement

In late September, penguins -which are monogamous- meet their mates on firm land and build their nests. At summer's end, adults and chicks return to the sea until the next season, when the chicks acquire their adult feathers.

agosto
August
13

Puerto Patriada (Chubut)

En el extremo norte del lago Epuyen, provincia de Chubut, se encuentra Puerto Patriada. Las pequeñas playas de arena reparadas del viento y las aguas transparentes convierten al lugar en ideal para la práctica de la pesca y los deportes náuticos.

Puerto Patriada (Chubut)

Puerto Patriada is located in the extreme north of the Epuyen lake, province of Chubut. Its tiny sandy beaches, protected from the wind, and clear waters make it an ideal spot for fishing and water sports.

19 **mayo**
May

Semana Santa en Tilcara (Jujuy)

En Tilcara, la Semana Santa se celebra con multitudinarias procesiones donde se destacan las ermitas tilcareñas, enormes cuadros hechos con flores, tierras y maderas de la zona para ilustrar el Vía Crucis, la Pasión y la Muerte de Jesucristo.

Holy Week in Tilcara (Jujuy)

In Tilcara, Holy Week is celebrated with crowded processions which display the Tilcaran "ermitas", huge pictures made with local flowers, earth and wood to illustrate the Way of the Cross, the Passion and the Death of Jesus Christ.

14 **agosto**
August

Buenos Aires desde el puerto

El auge de Buenos Aires como puerto de ultramar en el siglo XIX y principios del XX, demandó grandes obras de infraestructura, entre ellas, la concebida por Eduardo Madero y finalizada en 1897, con sus diques cerrados intercomunicados.

Buenos Aires, seen from the port

The rise in importance of Buenos Aires as an international port during the 19th and beginnings of the 20th century required huge infrastructure works. Eduardo Madero's was one of the largest, with its interconnected closed docks; construction was finished in 1897.

mayo
May
18

15 **agosto** *August*

El Calafate (Santa Cruz)

A 3.000 kilómetros de Buenos Aires, en medio de la estepa y junto al lago Argentino, se encuentra esta localidad que debe su nombre a un arbusto de flores amarillas y fruto comestible muy común en la zona.

El Calafate (Santa Cruz)

This site is 3,000 kilometres from Buenos Aires, in the middle of the Patagonian desert and beside Lake Argentino; it owes its name to the shrub, commonly-found in this area, which bears yellow flowers and edible berries.

Ciudad de Puerto Madryn (Chubut)

La ciudad de Puerto Madryn, en la península Valdés, es el mayor centro de servicios turísticos de la costa patagónica. En Punta Cuevas, se pueden observar las ruinas de los primeros asentamientos de colonos galeses, que llegaron a Madryn alrededor de 1865.

Puerto Madryn City (Chubut)

The city of Puerto Madryn, on the Valdés peninsula, is the largest tourist services center on the Patagonian coastline. At Punta Cuevas, visitors can see the remains of the settlements of the first Welsh immigrants, who arrived at Madryn around 1865.

17 mayo
May

Cinto y rastra

La rastra es una pieza formada por un medallón central y botones o monedas sujetos en el extremo de cadenas, que permite cerrar el cinto. Según la economía del gaucho, puede ser de plata e incluso tener aplicaciones de oro.

Belt and "Rastra"

The "rastra" is made of a medallion and buttons or coins fastened to the end of chains, which closes the belt. The gaucho's purse will determine whether the "rastra" may have a silver clasp or even gold decorations.

agosto
August
16

Ganado Hereford

Esta raza de origen británico es reconocida por su adaptación a todas las zonas productivas de Argentina, su precocidad reproductiva y su longevidad. Entre puro y cruza, representa cerca del 35% de las cabezas del país y es productora de carnes de alta calidad.

Hereford Cattle

This breed of British origin is renowned for its adaptability to all productive areas in Argentina, its early reproductivity and longevity. Pure- or cross-bred, these animals represent about 35% of the total heads in the country and produce premium-quality meat.

16 **mayo** *May*

Palermo (Ciudad de Buenos Aires)

Este es uno de los barrios más atractivos de la ciudad debido a sus parques, lagos y avenidas arboladas. Conocido también como "Parque 3 de Febrero", fue tradicional paseo de la aristocracia argentina y hoy es frecuentado por amantes de los deportes al aire libre y la naturaleza.

Palermo (Buenos Aires City)

This is one of the most attractive areas in the city owing to its parks, lakes and tree-lined streets. Also known as "Parque 3 de Febrero" , it was a traditional promenade for local aristocracy. Today, nature lovers and outdoor sports enthusiasts enjoy its beauty.

17 **agosto**
August

Buceo en Golfo Nuevo
(Chubut)

Las aguas del golfo Nuevo en Puerto Madryn deparan a los buceadores incontables bellezas, como la de estas anémonas de mar, que extienden sus delicadas cabelleras a la espera de una presa desprevenida.

Scuba-diving in Golfo Nuevo
(Chubut)

The waters of Puerto Madryn's Golfo Nuevo reveal innumerable beauties to scuba divers, such as these sea-anemones, which spread their delicate strands in wait for an unwary victim.

mayo
May
15

Cerros Fitz Roy y Torre (Santa Cruz)

En el Parque Nacional Los Glaciares, los cerros Fitz Roy y Torre -dos de los picos más difíciles de escalar en el mundo- son también escenario de expediciones de trekking, que ponen la belleza y la aventura al alcance de los menos osados y experimentados.

Mounts Fitz Roy and Torre (Santa Cruz)

In Los Glaciares National Park, the Fitz Roy and Torre mounts -two of the most difficult peaks to climb in the world- are also the stage for trekking expeditions which offer beauty and adventure to less experienced and daring visitors.

18 agosto
August

14 mayo *May*

Mara

Este roedor sudamericano pertenece a la familia de los cávidos. En territorio argentino es posible hallar dos especies: la de mayor tamaño, que alcanza los 16 kilos de peso, habita las estepas patagónicas; la de menor tamaño (*Dolichotis salinicola*), las regiones áridas del Chaco.

Mara

This South American rodent belongs to the caviidae family. Two species are found in Argentina: the larger-sized animal, which can weigh up to 16 kilos and lives in the Patagonian desert, and the smaller Dolichotis salinicola, inhabiting the arid regions of the Chaco.

Flores de cardón

Cuenta la leyenda que las blancas flores del cardón, que anuncian las lluvias y el tiempo de la cosecha, nacieron de la sangre de dos enamorados fugitivos que, en su fuga desesperada a través de un bosque de cardones, se hirieron con sus púas.

Giant Cacti Flowers

Legend has it that the white flowers of the giant cacti, which foretell the rains and the time for harvest, were born of the blood of two runaway lovers who, in their desperate escape through a cacti forest, were wounded by their thorns.

agosto
August
19

Cerro Fitz Roy (Santa Cruz)

Llamado en tehuelche "Chaltén" ("la montaña que fuma" o "el terror") por las nubes que rodean su cumbre y que los nativos suponían humo de un volcán, este monte de 3.405 m de altura se encuentra en el límite norte del Parque Nacional Los Glaciares.

Cerro Fitz Roy (Santa Cruz)

The Tehuelche natives called it "Chaltén" ("smoking mountain" or "the terror") for the clouds which surround its peak and which the indians took for the smoke of a volcano; it is 3,405 m high and is located on the northern limit of Los Glaciares National Park.

13 **mayo** *May*

Plaza del Congreso
(Ciudad de Buenos Aires)

Fue creada en 1910 frente al palacio del Congreso para conmemorar el centenario de la Revolución de Mayo. Su fuente decorativa Dos Congresos, representa el Congreso General Constituyente de 1813 y el de la declaración de la Independencia de 1816.

Plaza del Congreso
(Buenos Aires City)

Across from the Palace of Congress, it was built in 1910 to commemorate the May Revolution Centennial. Its ornamental fountain called "Two Congresses", represents the General Constitutional Congress of 1813 and the Congress which declared Independence in 1816.

20 **agosto**
August

Estancia La Anita (Santa Cruz)

Desde "el balcón" de esta estancia, en la provincia de Santa Cruz, es posible divisar El Calafate y el lago Argentino. Este lago, cuya profundidad varía entre los 35 y los 1.000 metros, es el de mayor superficie en la Argentina y el tercero en Sudamérica.

"La Anita" Ranch (Santa Cruz)

El Calafate and Lake Argentino may be seen from the verandah of the "La Anita" ranch in the Santa Cruz province. This lake, its depth varying between 35 and 1,000 m, is the largest in Argentina and the third largest in South America.

mayo
May
12

Poncho salteño

Tejidos en telar, en lana de oveja, alpaca, guanaco, llama, los ponchos de esta región son de diversos colores, aunque prevalece el rojo. Este fue el color de poncho que impuso el General Martín de Güemes a sus soldados, a quienes llamaba “Los Infernales”.

Poncho from Salta

Loom-woven in lambswool, alpaca, guanaco and llama wool, the ponchos from this area are dyed in many colours, though mainly in red. General Martín de Güemes imposed this poncho colour for his soldiers, who were called “The Men from Hell”.

21 **agosto** *August*

Témpanos (Lago Argentino, Santa Cruz)

Trozos de hielo se desprenden del glaciar Upsala y flotan en el azul del lago Argentino, en el Parque Nacional Los Glaciares, ubicado al sudoeste de la provincia de Santa Cruz, próximo al límite con Chile.

Iceberg (Lago Argentino, Santa Cruz)

Ice fragments fall off the Upsala glacier and float in the blue of the Argentino lake, in Los Glaciares National Park, located in the southwest of Santa Cruz province, next to the border with Chile.

11 **mayo** *May*

Orca

Las orcas han desarrollado una técnica de caza muy peculiar. Para atrapar a los lobos marinos que se encuentran en la costa, se arrojan velozmente sobre la playa. Allí capturan a su presa, que arrastran consigo de regreso al mar para luego devorarla.

Orca

These killer whales have developed a characteristic hunting technique: in order to seize the sea-lions lying on the beach, the whales fling themselves onto the sand. They capture their prey and drag it back into the water and devour it.

agosto
August
22

"El Monumental"
(Ciudad de Buenos Aires)

En el barrio de Núñez, se encuentra el estadio del Club Atlético River Plate, con capacidad para más de 75.000 espectadores. En él se jugó el partido inaugural del Campeonato Mundial de Fútbol de 1978, entre Alemania Occidental y Polonia.

"El Monumental"
(Buenos Aires City)

In the Núñez neighbourhood, the River Plate Athletic Club stadium stands, with a seating capacity for 75,000 spectators. It was here that the inaugural match was played in the World Football Cup of 1978, between West Germany and Poland.

10 **mayo**
May

Vadeando el estero (Corrientes)

Los esteros de la provincia de Corrientes son enormes reservas de agua dulce con un ecosistema muy rico y dinámico. El caballo es un excelente recurso para trasladarse en ese medio, como bien sabe este gaucho de bombachas rayadas, típicas de esa provincia.

Fording the marsh (Corrientes)

The marshes of the province of Corrientes are huge reservoirs of sweet water and rich, dynamic ecosystems. The horse is an excellent method of transport for this environment, as well this gaucho knows. His striped "bombachas" are typical of this province.

23 **agosto**
August

Ciclismo en Ischigualasto
(San Juan)

Los escarpados paisajes del Parque Provincial Ischigualasto son elegidos por los amantes del ciclismo de montaña que buscan sumar el misterio de sus curiosas formaciones a la aventura deportiva.

Cycling in Ischigualasto
(San Juan)

The steep landscapes of Ischigualasto Provincial Park are the scenery of choice of mountain-biking fans, who seek to add the mystery of the rare shapes to their sporting adventure.

mayo
May
9

San Martín de los Andes (Neuquén)

Un camino vecinal de la localidad de San Martín de los Andes, principal centro turístico de la provincia de Neuquén. La región está rodeada de frondosos bosques naturales que se explotan comercialmente y posee una muy buena infraestructura turística que incluye facilidades para la práctica de la caza mayor.

San Martín de los Andes (Neuquén)

A local path in the neighbourhood of San Martín de los Andes, main centre of tourism in the province of Neuquén. This area is surrounded by luxuriant natural forests which are commercially exploited; it also offers excellent touristic infrastructure which includes facilities for big-game hunting.

24 **agosto**
August

Faro de Punta Norte (Chubut)

La zona del faro de Punta Norte, en la península Valdés, se aquieta al final del día cuando los turistas regresan a sus hospedajes. En sus cámaras fotográficas y en la memoria, llevan atrapados lobos marinos, orcas, ballenas, gaviotas, ostreros, y los sonidos de un mundo fascinante.

Punta Norte Lighthouse (Chubut)

On the Valdés peninsula, the Punta Norte lighthouse area becomes quiet at the end of the day when tourists return to their lodgings; in their cameras and memory, they carry the captured sea-lions, orcas, whales, sea-gulls, oyster gulls and the sounds of a fascinating world.

8 **mayo**
May

Algarrobo

El algarrobo es una leguminosa de madera dura, utilizada como leña y en la construcción y la fabricación de muebles. Sus frutos comestibles se utilizan para la preparación de bebidas como la aloja, una especie de cerveza muy popular en el norte y centro del país.

Carob tree

The carob is a hardwood tree; its wood is used in construction and for making furniture. Its edible fruit is used in the preparation of beverages such as the "aloja", a type of beer much enjoyed in the north and centre of the country.

Facón

Compañero inseparable del gaucho argentino, el facón ha sido arma eficaz en el combate y herramienta apta para cazar, faenar una res e incluso comer. La hoja, delgada y de un solo filo, suele tener entre 30 y 40 cm de largo.

Knife

The Argentine gaucho's inseparable companion, the "facón" has proved to be an efficient weapon in battle and a tool for hunting, skinning and even eating. The blade, slender and honed, is usually between 30 and 40 cm long.

7 **mayo**
May

Café Tortoni
(Ciudad de Buenos Aires)

En una escena surgida de la mitología argentina, más allá del tiempo, Carlos Gardel, Jorge Luis Borges y Alfonsina Storni comparten un enigmático diálogo en una mesa del famoso café de la Avenida de Mayo.

Café Tortoni
(Buenos Aires City)

In a timeless image resurrected from the mythology of Argentine history, Carlos Gardel, Jorge Luis Borges and Alfonsina Storni share an enigmatic dialogue at a table in the fabled coffee-shop on Avenida de Mayo.

26 **agosto**
August

Habitante de Purmamarca
(Jujuy)

El tradicional sombrero de fieltro y el poncho no han perdido vigencia para los habitantes del noroeste argentino, que en muchos aspectos parece detenido en el tiempo: una mula y su carga esperan junto a la ruta por la que circulan vehículos de todo tipo.

Inhabitant of Purmamarca
(Jujuy)

The traditional felt hat and the poncho are still very much a part of today's clothing for the inhabitants of Argentina's Northwest, which, in many ways, seems to stand still in time: a mule and its load wait beside the highway along which all types of vehicle travel.

mayo
May
6

27 **agosto**
August

Urraca común

La urraca común habita el norte y noreste de la Argentina. Tiene un llamativo plumaje azulado y ojos de iris amarillo oro. Es sociable, bullanguera y puede imitar con facilidad el canto de otras aves. También suele “robar” pequeños objetos que se encuentren a su alcance.

Plush-crested Jay

The plush-crested jay is found in the north and northeast of Argentina. It has striking blue plumage and its eyes are golden yellow. It is a sociable and noisy bird and has a talent for imitating the calls of other birds. It also has the habit of “stealing” small objects it happens upon.

5 **mayo**
May

Arreo

Inseparable del paisaje rural argentino, el caballo ha sido medio de transporte, vehículo de guerra, herramienta de trabajo y compañero fiel en la inmensidad de las pampas. Escena repetida en estas tierras, un arriero conduce hábilmente su tropilla.

Round-up

Essential to the Argentine country-side landscape, the horse has been a method of transport, war vehicle, work tool and faithful companion in the Pampa's vastness. It is common to see a horseman such as this one in these lands, skilfully driving his troop home.

Glaciar Spegazzini (Santa Cruz)

Con sus 66 km² de superficie, entre paredes que alcanzan los 110 metros de altura, este glaciar ubicado en el Parque Nacional Los Glaciares, debe su nombre al botánico Carlos Spegazzini, estudioso de la flora de la región.

Spegazzini Glacier (Santa Cruz)

It boasts an area of 66 sq km and stands between walls 110 metres high; this glacier located in Los Glaciares National Park owes its name to the botanist Carlos Spegazzini, student of the flora of the region.

agosto
August
28

Chamán mapuche

En el asentamiento indígena de Colonia Cuyame, cada dos años, al comenzar la primera luna de primavera, este chamán mapuche es el encargado de celebrar la ceremonia del camaruco con el fin de propiciar las lluvias y la fertilidad del suelo.

Mapuche Tribal Doctor

In the Indian settlement of Colonia Cuyame, every two years, with the first spring moon, this Mapuche shaman leads the celebration of the "camaruco" ceremony which propitiates the rains and the fertility of the soil.

4 **mayo**
May

Harén de lobos marinos

En el harén, el macho de color oscuro y más de 300 kilos de peso se distingue de las hembras más claras y de menor tamaño. Durante la temporada de apareamiento los machos no pueden abandonar su harén y pasan hasta 2 meses sin alimentarse.

Sea-lion harem

Within the harem, the dark-coloured male, which can weigh over 300 kilos, can be distinguished from the female which is smaller and lighter in colour. The males may not leave the harem during the mating season and must spend up to 2 months without food.

29 **agosto**
August

Puerto Madero
(Ciudad de Buenos Aires)

La remodelación de Puerto Madero motivó fuertes inversiones inmobiliarias. A orillas del Río de la Plata, es el último de los barrios construidos en Buenos Aires. En él coexisten antiguos edificios y docks reciclados junto a innovadoras construcciones de famosos arquitectos.

Puerto Madero
(Buenos Aires City)

Real estate investment rose sharply after Puerto Madero was fully refurbished. On the banks of the Río de la Plata, it is the newest of neighbourhoods, where recycled docks and old buildings live side by side with innovative constructions by famous architects.

mayo
May
3

Península Valdés (Chubut)

La costa este de la península Valdés, con sus playas y altos acantilados, enfrenta la inmensidad del Atlántico. Esta península de 4.000 kilómetros cuadrados está unida al continente por un istmo denominado Florentino Ameghino, que separa los golfos San José y Nuevo.

Península Valdés (Chubut)

The east coast of the Valdés peninsula, with its beaches and tall cliffs, faces the immensity of the Atlantic ocean. This 4,000 sq km peninsula is joined to the mainland by the Florentino Ameghino isthmus, which separates the San José and Nuevo gulfs.

30 agosto
August

Ballena franca austral

Las casi 40 toneladas de la ballena franca austral se elevan con gracia sobre el agua, dejando al descubierto el característico vientre blanquecino de estos cetáceos ahora protegidos de la caza indiscriminada que los llevó al borde de la extinción.

Southern Right Whale

The Southern Right Whale's 40 tons move effortlessly over the water, showing the characteristic white belly of these cetaceans, now protected from the indiscriminate hunting which drove them to the edge of extinction.

2 **mayo** *May*

Estancia La Paz (Córdoba)

El casco de esta antigua estancia de la provincia de Córdoba, que recibió su actual denominación en 1859, fue construido en 1830. "La Paz" es una de las más famosas estancias turísticas de la provincia y su restaurant puede ser visitado también por quienes no estén alojados en ella.

"La Paz" Ranch (Córdoba)

The main house of this ancient ranch in the Córdoba province was built in 1830 and given its present name in 1859. "La Paz" is one of the most famous touristic ranches in Córdoba and its restaurant is open to all travellers, guests or not.

agosto
August
31

Ushuaia (Tierra del Fuego)

Última ciudad del continente, bañada por las aguas del Canal de Beagle y enmarcada por los Andes, Ushuaia, que en lengua aborigen significa "bahía que penetra hacia el poniente", es la capital de la Provincia de Tierra del Fuego y tiene una población de 43.500 habitantes.

Ushuaia (Tierra del Fuego)

Southernmost city on the continent, set by the waters of the Beagle Channel and framed by the Andes, Ushuaia -which means "bay which heads for the sunset" in the native dialect-, is the capital of Tierra del Fuego and is home to 43,500 inhabitants.

1 **mayo**
May

Paredes con historia
(La Boca, Ciudad de Buenos Aires)

Arte mural y arte vivo unidos por el sonido inconfundible del bandoneón en una calle del barrio de La Boca, donde el tango se vive en cada esquina con el mismo entusiasmo que en sus orígenes, hace más de un siglo.

Walls with a past
(La Boca, Buenos Aires City)

Both mural and live art are entwined by the unmistakeable sound of the "bandoneón" in any street of La Boca, where the tango comes alive on every corner, as vigorous as when it was born a century ago.

1 septiembre
September

Cataratas del Iguazú (Misiones)

En 1541, Alvar Núñez Cabeza de Vaca descubrió estas cataratas y las denominó Saltos de Santa María. Sin embargo, perduró su denominación guaraní: Y-Guazú, que quiere decir “agua grande”. En esta imagen, la Garganta del Diablo, vista desde el lado brasileño.

Iguazú Falls (Misiones)

In 1541, Alvar Núñez Cabeza de Vaca discovered these waterfalls and named them the Santa María Falls. However, their Guarani name prevailed: Y-Guazú, which means “big water”. This is the “Devil's Gorge”, seen from the Brazilian side of the falls.

2 **septiembre**
September

Cueva de las Manos (Santa Cruz)

La Cueva de las Manos concentra la mayor cantidad de pinturas rupestres de la zona del cañadón del río Pinturas, cuyas expresiones pictóricas que -se estima- comprenden un período de 9.000 años, han sido declaradas Patrimonio Cultural de la Humanidad.

Cueva de las Manos (Santa Cruz)

This cave possesses the largest number of cave-paintings in the area of the Pinturas river canyon; the pictures have been estimated to cover a period of 9,000 years and have been declared part of the Cultural Heritage of Humanity.

Paisaje de la pampa

La región pampeana o pampa es esencialmente una enorme y fértil llanura que abarca la provincia de Buenos Aires y parte de las provincias de La Pampa, Córdoba y Santa Fe. Desde el siglo XIX, el desarrollo del agro ha ido modificando su paisaje.

Pampa landscape

The pampa region is essentially a huge, fertile grassland which covers Buenos Aires province and part of the provinces of La Pampa, Córdoba and Santa Fe. Since the 19th century, agrodevelopment has modified the landscape.

29 abril
April

Caña de azúcar (Jujuy)

En las proximidades de Purmamarca, provincia de Jujuy, la zafra congrega a familias enteras, que cosechan la caña en forma manual. En 2004, Jujuy produjo 465.000 toneladas de azúcar, alrededor del 27% del total del país.

Sugar cane (Jujuy)

Around Purmamarca, province of Jujuy, the sugar-cane harvest gathers whole families which still cut the sugar-cane by hand. In 2004, Jujuy produced 465,000 tons of sugar, approximately 27% of the total sugar production in thc country.

Halconcito común

Esta pequeña ave rapaz de plumaje ocre se alimenta de insectos, roedores y pichones de otras aves y es común verla al acecho sobre postes y cables. Tiene un vuelo rápido y una manera muy característica de detenerse en el aire extendiendo la cola.

Common Small Falcon

The plumage of this small bird of prey is ochre; it feeds on insects, rodents and fledgling birds. It is often seen perched on posts and cables, seeking prey. Its flight is fast and can stop in mid-air by spreading its tail-feathers in a very individual fashion.

28 **abril**
April

Cañón del Talampaya (La Rioja)

En el cañón del río Talampaya, donde la erosión construyó paredones de piedra roja de más de 100 metros de altura y los bosques de algarrobo alcanzan miles de años de antigüedad, existen ricos yacimientos fósiles.

Talampaya Canyon (La Rioja)

Rich fossil deposits can be found in the canyon of the Talampaya river, where erosion has carved out red-stone walls over 100 metres high and the carob forests are thousands of years old.

4 septiembre
September

Restingas
(Punta Bermeja, Río Negro)

Cuando baja la marea, se pueden observar las restingas, bancos pedregosos formados por la constante erosión del mar. Los acantilados son un buen puesto de observación de las aves que nidifican en la zona y de los apostaderos de lobos marinos que existen sobre la playa.

Shoals
(Punta Bermeja, Río Negro)

When the tide is out, stony shoals appear; they have been produced by constant sea erosion. The cliffs are a wonderful observation point for watching the birds which nest in the area and the sea-lion settlements on the beach.

Ruta y campo

El desarrollo agrícola de la región pampeana, que tuvo lugar a partir del siglo XIX, estuvo ligado al desarrollo de sus puertos y sus redes de transporte, tanto ferroviarias como viales, que comenzaron a surcar la llanura.

Roads and farmland

The agricultural development of the Pampas, which increased sharply during the 19th century, was closely linked to the development of its ports and transport networks, as much by rail as by road, which began to crawl across the grasslands.

5 septiembre
September

Coirones (Playa Medina, Chubut)

Estas gramíneas perennes de hojas duras y punzantes forman matas compactas. Durante la sequía de los meses de verano, pueden sobrevivir gracias a sus raíces superficiales. Los ovinos, guanacos y otros animales de la región se alimentan de ellos, pero algunas variedades, como el coirón negro, son tóxicas.

Broom Sedge (Playa Medina, Chubut)

This grassy perennial with hard, sharp leaves grows into compact bushes. It can survive the summer drought thanks to its superficial roots. Sheep, guanaco and other local animals feed off it, but some varieties, like the Black Broom Sedge, are poisonous.

26 **abril**
April

Crucero en Puerto Madryn

Puerto Madryn es un puerto de aguas profundas, cómodo y seguro, visitado por los cruceros nacionales e internacionales que recorren los mares del sur y hacen escala en él para aprovisionarse y permitir que sus pasajeros visiten las reservas naturales de la zona.

Cruise Ship at Puerto Madryn

Puerto Madryn is a safe deep-water port, and easily accomodates the national and international cruise ships which travel the southern seas; they drop anchor there in order to bring supplies on board and allow their passengers to visit the nature reserves in the area.

septiembre
September
6

Calle Florida
(Ciudad de Buenos Aires)

Esta calle peatonal de diez cuadras con intenso movimiento comercial y cultural solía ser frecuentada por la aristocracia del lugar. Aún se conservan en ella librerías, cafés y tiendas de todo tipo, incluyendo las Galerías Pacífico.

Florida Street
(Buenos Aires City)

This pedestrian street is 10 blocks long and used to be the favourite promenade of the local aristocracy. It is still busy with business and cultural activity; coffee-shops, bookstores and all types of shops including Galerías Pacífico, line the street.

25 **abril**
April

Ostrero

El ostrero llena con sus gritos el silencio de las costas patagónicas. Se alimenta fundamentalmente de bivalvos, tiene pico rojo y patas rosadas, y su plumaje es negro en la cabeza, cuello, lomo y alas, y blanco en el vientre.

Oystercatcher

The oystercatcher fills the silence of the Patagonian coastline with its shrieks. It feeds mainly on bivalves; it has a red beak and pink feet; its feathers are black on its head, neck, back and wings, and white on its belly.

7 septiembre
September

Aceitunas (Sañogasta, La Rioja)

Con la ampliación del área cultivada y la introducción de nuevas variedades, La Rioja se convirtió en la gran productora de aceitunas de la Argentina, país que se encuentra entre los principales productores del mundo, luego de los productores tradicionales del Mediterráneo.

Olives (Sañogasta, La Rioja)

As cultivated areas increased and new varieties were introduced, La Rioja became a large producer of olives in Argentina, which is among the world's greatest producers, after Mediterranean traditional producers.

Ruta 40

Camino a El Chaltén, por la Ruta 40, en las cercanías del lago Viedma, una manada de guanacos atraviesa la planicie. Las familias de estos camélidos sudamericanos pueden tener hasta 10 hembras por cada macho y se han detectado rebaños de alrededor de 100 individuos.

Route 40

On the way to El Chaltén, along Route 40, near Lake Viedma, a herd of guanacos cross the plains. These Southamerican camellids can have up to 10 females per male in each family, and herds of up to 100 individuals have been sighted.

8 septiembre
September

Amanecer en el Paraná (Entre Ríos)

El río es la Gran Vía para muchos de los habitantes de la costa del Paraná. Desde muy temprano, simples botes de remo o lanchas de motor transportan a los niños que van a la escuela y a los adultos que comienzan sus ocupaciones diarias.

Dawn on the Paraná (Entre Ríos)

The river is the Great Road for many of those who live by the Paraná. Early in the morning, simple rowing-boats or small motor-boats take the children to school and the men and women to their daily activities.

23 **abril** *April*

Tango en el Colón
(Ciudad de Buenos Aires)

Desde su nacimiento en los arrabales, hasta que fue recibido en los teatros "decentes" el tango vio pasar varias décadas. Finalmente las grandes orquestas llegaron al Colón, inundando de aires populares este escenario tradicional de la música clásica.

Tango at the Colón
(Buenos Aires City)

Various decades passed from the birth of the tango in the slums until it was accepted in "decent" theatres. Finally, the great orchestras performed it at the Colón, flooding this traditional stage for great classical music with the tango's popular melodies.

septiembre
September
9

Estancia 25 de Mayo
(Santa Cruz)

En un alto de sus tareas cotidianas, don Arredondo, capataz de la estancia, disfruta del clima más benigno que la primavera y el verano traen a esta región patagónica donde la temperatura media mínima en invierno es de -1,8° C.

"25 de Mayo" Ranch
(Santa Cruz)

Ranch foreman don Arredondo takes a break from his daily tasks and enjoys the warm weather which spring and summer bring to this Patagonian region; in winter, the average minimum temperature is -1.8° C.

Ferrocarril Austral Fueguino
(Tierra del Fuego)

El tren de trocha angosta era utilizado para transportar a los presos a los campos de trabajo. Actualmente la locomotora de vapor recorre los puentes, cascadas, bosques y depósitos de turba hasta el Parque Nacional Lapataia.

Fuegan Southern Railway
(Tierra del Fuego)

Long ago, the narrow-gauge train transported convicts to labour camps. Today, the steam locomotive takes the tourist past bridges, waterfalls, forests and peat fields to visit the Lapataia National Park.

10 **septiembre**
September

Arroyo Ragintuco
(Villa La Angostura, Neuquén)

En las inmediaciones del arroyo Ragintuco, los amantes de la vida agreste cuentan con instalaciones de camping. Las costas pedregosas del arroyo enmarcan el curso de sus aguas encrespadas.

Arroyo Ragintuco
(Villa La Angostura, Neuquén)

Camping facilities near the Ragintuco are a favorite site for those seeking challenging surroundings. The stony banks of the river frame the course of the choppy waters.

11 **septiembre**
September

Glaciar Upsala (Santa Cruz)

El Upsala tiene una superficie aproximada de 595 km^2. Una franja oscura que se aprecia en la parte central del glaciar indica la presencia de fragmentos rocosos que quedaron atrapados en la confluencia de dos lenguas de hielo tributarias.

Upsala Glacier (Santa Cruz)

The Upsala covers an approximate area of 595 sq km. A dark band which may be seen in the central part of the glacier indicates the presence of rocky fragments which were trapped at the junction of two tributary ice-masses.

Ruinas precolombinas (Salta)

En los alrededores de Cachi existen notables sitios arqueológicos, como estas ruinas precolombinas, que dan testimonio del grado de desarrollo de las culturas aborígenes de la región.

Pre-Columbian Ruins (Salta)

Remarkable archaeological sites can be found in the surroundings of Cachi; these pre-Columbian ruins bear witness to the degree of development of the local aboriginal cultures in those times.

20 **abril** *April*

El mate

El vocablo quechua "mati" (calabaza) designa al recipiente en el que se prepara una infusión de *Ilex paraguariensis* que, a pesar de la prohibición impuesta por la Iglesia en tiempos de la Conquista, sigue siendo inseparable de la vida rural del sur de América.

The "mate"

The Quechua word "mati" (gourd) defines the vessel in which the infusion of "Ilex paraguariensis" is prepared. Despite the ban imposed by the Church in times of the Conquest, this beverage has always been an essential feature of rural life in South America.

Puente de la Mujer
(Ciudad de Buenos Aires)

Este puente peatonal de 800 toneladas, 160 metros de largo y 6,20 metros de ancho es obra del arquitecto e ingeniero Santiago Calatrava Vals. Su diseño giratorio permite el paso de las embarcaciones en el Dique 3 de Puerto Madero.

Puente de la Mujer
(Buenos Aires City)

This foot-bridge, 160 m long, 6.20 m wide and weighing 800 tons, is the work of Santiago Calatrava Vals, an engineer and architect. The bridge is designed to rotate, thus allowing vessels to move through Pier 3 of Madero port.

19 **abril**
April

Recoleta (Ciudad de Buenos Aires)

Uno de los barrios más atractivos de la ciudad, con amplios espacios verdes, sitios para divertirse de noche, un aire aristocrático y estilo francés. Aquí conviven el Cementerio, el Museo de Bellas Artes, el *Palais de Glace*, el Centro Cultural Recoleta, y la Facultad de Derecho.

Recoleta (Buenos Aires City)

One of the most attractive of the city's neighbourhoods, Recoleta has wide open green spaces, a busy night life, French style and an aristocratic air. The Cemetery, the Fine Arts Museum, the Exhibition Hall, the Recoleta Cultural Center and the imposing Law School all live close to each other.

13 septiembre
September

Tapir

El tapir es un mamífero herbívoro que la caza indiscriminada ha puesto en peligro de extinción. Pesa de 200 a 300 kilos y se lo puede hallar en las selvas del norte de Argentina, cerca de ríos o lagunas, donde suele disfrutar de prolongados baños de barro.

Tapir

The tapir is an herbivorous mammal, driven almost to extinction by indiscriminate hunting. It weighs from 200 to 300 kilos and may be found in the forests in the north of Argentina, near rivers or lagoons, where it enjoys prolonged mud-baths.

Puerto Pirámides (Chubut)

Puerto Pirámides es una villa costera rodeada de acantilados que semejan pirámides truncadas y donde se acumulan fósiles de invertebrados que tienen 9 millones de años de antigüedad. Desde allí es posible embarcarse para el avistaje de ballenas.

Puerto Pirámides (Chubut)

Puerto Pirámides is a coastal village surrounded by cliffs resembling cut-off pyramids, where 9-million-year-old fossils of invertebrates pile up. This is the place for boarding a whale-spotting ship.

14 **septiembre**
September

17 **abril**
April

Barrancas Coloradas
(Ischigualasto, San Juan)

Estas barrancas de 100 a 200 m de altura corresponden a una formación de fines del Triásico (180 millones de años), la más nueva en un área geológica de más de 250.000 hect. que comprenden el Parque Provincial Ischigualasto y el Parque Nacional Talampaya.

Barrancas Coloradas
(Ischigualasto, San Juan)

These 100-200-metre-high cliffs belong to the late Triassic period (180 million years of age), the most recent of a geological area in over 250,000 hectares which make up the Ischigualasto Provincial Park and the Talampaya National Park.

Alfarería de Cafayate (Salta)

Las tinajas son piezas típicas de la alfarería de la región de Cafayate. Con la desaparición de los artesanos aborígenes, la técnica para su fabricación se perdió hasta que, 150 años después, una conocida familia de alfareros de la región la rescató del olvido.

Cafayate Pottery (Salta)

Earthenware jars are typical examples of Cafayate pottery. As aboriginal craftsmen disappeared, the technique for their manufacture was lost until 150 years later, when a renowned family of potters brought the craft back from oblivion.

septiembre
September
15

Ruinas de San Ignacio
(Misiones)

En el siglo XVII, los Jesuitas fundaron 15 poblaciones en territorio de Misiones y Corrientes. Estas ruinas, que llevan el nombre del fundador de la orden, San Ignacio de Loyola, fueron descubiertas en 1903. La fachada del templo es una muestra del barroco americano.

Ruins of San Ignacio
(Misiones)

17th century Jesuit missionaries founded 15 villages on Misiones and Corrientes land. These ruins, named after the founder of the Order, San Ignatius of Loyola, were discovered in 1903. The church façade is an example of the American Baroque style.

16 **abril** *April*

Husky siberiano

Estos perros son los elegidos para tirar de los trineos que participan en competencias invernales o simplemente pasean a los turistas. Su entrenamiento requiere gran paciencia y lo ideal es que todos los cachorros destinados a integrar un equipo se críen juntos.

Siberian Husky

These are the dogs selected for pulling the sleds which take part in winter races or simply take tourists for rides. Their training requires great patience and, ideally, all the pups destined to make up a team should be raised together.

16 **septiembre**
September

Casa Rosada
(Ciudad de Buenos Aires)

Monumento Histórico Nacional.
El frente oeste del edificio da a la Plaza de Mayo, en cuyo centro se encuentra la Pirámide de Mayo. La pirámide original fue levantada en 1811 en conmemoración del primer aniversario de la Revolución de Mayo.

Government House
(Buenos Aires City)

It is a National Historic Monument. The west side of the building faces Plaza de Mayo in whose center the Pyramid can be seen. The original pyramid was erected in 1811, commemorating the first anniversary of the May revolution.

Centro Cívico (Bariloche, Río Negro)

Proyectado por el arquitecto Ernesto de Estrada e inaugurado en 1940, el Centro Cívico de esta ciudad de más de 100.000 habitantes, se encuentra en el sitio exacto donde funcionaba, en 1895, un almacén de ramos generales denominado "La Alemana".

Centro Cívico (Bariloche, Río Negro)

Architect Ernesto de Estrada drew up the project for the Civic Center of this city, which now has 100,000 residents; it was inaugurated in 1940. The Center was built on the same land where, in 1895, the general store "La Alemana" was located.

17 **septiembre**
September

14 abril
April

Glaciar Perito Moreno (Santa Cruz)

Miles de turistas acuden periódicamente a presenciar el rompimiento y caída de los hielos del glaciar Perito Moreno, con la consiguiente elevación de las aguas provenientes del lago Argentino, que ascienden unos 20 metros antes de volver a su nivel normal.

Perito Moreno Glacier (Santa Cruz)

Thousands of tourists arrive regularly to witness the fracture and fall of ice from the Perito Moreno glacier; this event causes the waters from the Argentino lake to rise some 20 metres before returning to their normal level.

Guanacos

Junto con la alpaca, la vicuña y la llama, el guanaco ha sido fuente de alimento y abrigo para los pueblos originarios de Sudamérica. Perseguido en algunas zonas por considerarlo una plaga, recientemente comenzó a criárselo en cautiverio con fines comerciales.

Guanacos

For years, together with the alpaca, the vicuña and the llama, the guanaco has provided meat and wool for the original peoples of South America. Once considered a plague and freely hunted, now it has begun to be bred in captivity for commercial purposes.

septiembre
September
18

Las Torres de Ajedrez
(PN Talampaya, La Rioja)

Junto con El Rey Mago, El Monje, Los Cajones y muchas otras, las formaciones de Las Torres de Ajedrez, son uno de los atractivos del Parque Nacional Talampaya, en la provincia de La Rioja.

Las Torres de Ajedrez
(Talampaya NP, La Rioja)

Together with "The Wise Man", "The Monk", "The Boxes" and others, the stone shapes of "The Castles" are one of the many attractions of the Talampaya National Park in the province of La Rioja.

13 **abril**
April

Feria de Iruya (Salta)

Los pobladores de la región de Iruya, ubicada a 3.000 metros de altura en la provincia de Salta, celebran en el mes de octubre la fiesta de la Virgen del Rosario, donde los cachis -grupos de bailarines disfrazados que representan la lucha entre el bien y el mal- danzan frente a la imagen de la Virgen.

Feria de Iruya (Salta)

In October, the inhabitants of the region of Iruya, located at 3,000 metres above sea level in the province of Salta, celebrate the feast of the Virgin of the Rosary, where the "cachis"-groups of dancers representing the fight between good and evil- dance before the image of the Virgin.

19 septiembre
September

Puerto de Frutos (Buenos Aires)

En el delta de Tigre, el Puerto de Frutos se anima con el incesante tráfico de las lanchas que transportan los frutos y maderas de las islas. En la zona del puerto es posible adquirir artesanías típicas y productos regionales de fabricación casera.

Puerto de Frutos (Buenos Aires)

In the Tigre delta, the fruit market at the port is enlivened by the coming and going of the motorboats which transport fruit and timber from the islands. In the port area, many small shops offer typical crafted articles and home-made regional specialties.

abril
April
12

Región de Trevelin (Chubut)

En la región de Trevelin, una pequeña ciudad de casas bajas y origen galés de la provincia de Chubut, muy conocida por su típica gastronomía, el río Grande y el río Futaleufú ofrecen la belleza de su entorno a los amantes de la pesca y la navegación.

Trevelin (Chubut)

Around Trevelin, in the Chubut province, the Grande and Futaleufú rivers offer beautiful scenery to fishing and sailing enthusiasts. The small town is known for its Welsh origin, typical cooking and low houses.

Protagonistas

En el tango, las piernas son las principales protagonistas: como apasionados amantes, se unen, se separan, se acarician, se rechazan, enérgicas por un instante, siempre entregadas a la seducción.

Leading Players

In the tango, the dancers' legs are the leading players; like passionate lovers, they come together, they separate, they entwine in a caress and reject each other, for moments energetic, always reaching for seduction.

11 **abril** *April*

El Cabildo
(Ciudad de Buenos Aires)

Construido a mediados del siglo XVIII, fue sede de la Junta Provisional Gubernativa que redactó el primer documento patrio el 25 de mayo de 1810. A partir de entonces, se inició la gesta de la Independencia Argentina, que se declaró en Tucumán en 1816.

El Cabildo
(Buenos Aires City)

Built in the mid-18th century, the Town Council Hall was the seat of the Provisional "Junta" which issued the first paper by an autonomous government on May 25th, 1810. This was the first step towards independence from Spain, officially declared in Tucumán in 1816.

septiembre *September* **21**

Complejo Cerro Catedral
(Bariloche, Río Negro)

El Complejo Cerro Catedral está ubicado a 19 km de la ciudad de Bariloche. Más de 70 pistas y excelente infraestructura lo convierten en el centro de esquí más importante de Sudamérica.

Complejo Cerro Catedral
(Bariloche, Río Negro)

The Cerro Catedral complex is 19 km away from the city of Bariloche. It has over 70 ski-runs and an excellent infrastructure which makes it the most important ski centre in South America.

10 **abril**
April

Punta Bermeja (Río Negro)

Junto a los acantilados de la reserva de Punta Bermeja, en la provincia de Río Negro, se encuentra un apostadero permanente de lobos marinos de un pelo, que congrega a unos 4.000 ejemplares. Las pasarelas instaladas sobre los acantilados permiten la observación del apostadero.

Punta Bermeja (Río Negro)

By the cliffs of the Punta Bermeja Reserve, in the province of Rio Negro, there is a permanent colony of single-haired sea-lions, made up of some 4,000 individuals. These may be watched from the walkways built over the cliffs.

22 septiembre
September

Zorro gris patagónico

De menor tamaño que el zorro gris pampeano, su distribución abarca toda la Patagonia, e incluso Tierra del Fuego, donde fue introducido en la década de 1950 para controlar la plaga de conejos. Por su suave pelaje, ha sido presa frecuente de los cazadores.

Patagonian Grey Fox

Smaller than the grey fox from the Pampas region, the Patagonian grey fox roams the entire Patagonian desert down to Tierra del Fuego, where it was introduced in 1950, as a predator to control a rabbit plague. Its soft fur has made it a frequent prey to hunters.

23 septiembre
September

Parque "3 de Febrero"
(Ciudad de Buenos Aires)

En el lago del Rosedal es posible alquilar pequeñas embarcaciones de paseo. Gracias al impulso del Presidente Sarmiento y al talento creativo de Charles Thays, hace más de un siglo que los habitantes de Buenos Aires disfrutan de la belleza de estos parques.

Parque "3 de Febrero"
(Buenos Aires City)

Small pleasure boats may be hired at the Rosedal lake. Thanks to the initiative of President Sarmiento and the creative talent of landscaper Charles Thays, the inhabitants of Buenos Aires have been enjoying the beauty of these parks for over a century.

Faro Les Eclaireurs
(Canal de Beagle, Tierra del Fuego)

Está situado en uno de los islotes del archipiélago Les Eclaireurs, en el Canal de Beagle. Estos islotes rocosos están rodeados de cachiyuyos, macroalgas que forman grandes bosques submarinos y crecen hasta 30 m buscando la luz solar de la superficie.

Les Eclaireurs Lighthouse
(Beagle Channel, Tierra del Fuego)

It is located on one of the islets of the Les Eclaireurs archipelago, in the Beagle Channel. These rocky islets are surrounded by "cachiyuyos", macroalgae which build up into large underwater forests, reaching up to 30 m, seeking the sunlight on the surface of the water.

8 **abril** *April*

Punta Bermeja (Río Negro)

En la Reserva Faunística Provincial de Punta Bermeja, provincia de Río Negro, un grupo de lobos marinos de un pelo que no lograron formar harén permanece en la periferia del territorio ocupado por los machos más exitosos, que logran reunir hasta 15 hembras cada uno.

Punta Bermeja (Río Negro)

In the Punta Bermeja Provincial Fauna Reserve, a group of single-haired sea-lions have not managed to form their own harems and remain on the boundary of the territory occupied by the more successful males, which have been able to attract up to 15 females each.

septiembre
September
24

La doma

Si bien la jineteada es la técnica habitual para lograr que un caballo se acostumbre a soportar el peso del jinete y obedecer sus órdenes, algunos domadores muy dotados sólo utilizan palabras y caricias para amansarlo, habituándolo al trato con el hombre.

Horse breaking

Although hard riding is the traditional way of breaking in a horse, there are some very gifted horse-tamers who only use words and caresses in order to quieten the horse and familiarize the animal with the man.

7 **abril**
April

Rosa mosqueta

Si bien no es originaria de América, esta rosácea se ha extendido por muchas regiones del continente. Posee flores rosadas y blancas, frutos de color amarillo-marrón y es muy apreciada por sus usos gastronómicos y sus propiedades terapéuticas.

Dog Rose

Although it is not native to America, this rose has spread over many regions of the continent. It produces pink and white flowers and browny-yellow fruit and it is much appreciated for cooking and therapeutic purposes.

25 **septiembre**
September

Canal de los Témpanos
(Santa Cruz)

El lago Argentino, de más de 1.400 km² de extensión, está formado por una cuenca principal y varios brazos. El Canal de los Témpanos une el brazo Rico y el brazo Sur de este lago, que debe su color a un finísimo polvo en suspensión producto de la abrasión de los glaciares.

Canal de los Témpanos
(Santa Cruz)

The Argentino lake, over 1,400 sq km in size, is made up of a main basin and several arms. The "Canal de los Témpanos" (Iceberg Channel) joins the Rico and Sur branches of this lake, coloured by the silt suspended in its waters, product of glacial abrasion.

El Nihuil (Mendoza)

El embalse El Nihuil se encuentra sobre el cañón del río Atuel, que presenta un desnivel de casi 600 metros en 45 kilómetros de recorrido. En esta árida zona, las lluvias y el deshielo cordillerano incrementan el caudal del río entre octubre y marzo.

El Nihuil (Mendoza)

The El Nihuil dam is built in the canyon of the Atuel river, which presents a difference in elevation of almost 600 m along 45 km of its course. In this arid area, between October and March, the rains and the snow-melt of the Andes greatly increase the volume of the river.

26 septiembre
September

Estancia La Oriental (Santa Cruz)

En el Parque Nacional Perito Moreno, provincia de Santa Cruz, esta estancia de 16.000 hectáreas próxima al lago Belgrano recibe a los turistas deseosos de alojarse en medio de la naturaleza, en un escenario no globalizado.

"La Oriental" Ranch (Santa Cruz)

In the Perito Moreno National Park, province of Santa Cruz, this 16,000-hectare ranch next to the Belgrano lake welcomes tourists who appreciate lodgings amid natural and non-globalized surroundings.

5 abril
April

Buenos Aires desde el aire

La Ciudad de Buenos Aires está conectada con el interior del país y con el exterior a través de una amplia red de transportes que incluye dos aeropuertos -uno internacional y otro de cabotaje-, terminales ferroviarias y de autobuses, autopistas y rutas nacionales, además de su puerto.

Buenos Aires from the air

Buenos Aires City is connected to the country's interior and to border countries by a large transport network: two airports -international and domestic-, railway and bus terminals, highways, national routes and, the city's port.

septiembre
September **27**

Lago Rivadavia (Chubut)

El Parque Nacional Los Alerces, que abarca más de 260.000 hectáreas, ofrece la belleza de sus milenarios bosques de alerces, araucarias y arrayanes. Parte de su magnífica cuenca lacustre, el estrecho Lago Rivadavia es apto para la pesca a bordo de botes neumáticos.

Lago Rivadavia (Chubut)

Los Alerces National Park covers over 260,000 hectares and displays the beauty of its ancient forests of larch, araucaria and myrtle trees. Part of the lake's magnificent drainage basin, the narrow Rivadavia lake is perfect for fishing from boats.

Pingüinos

En Punta Tombo se reúne la mayor colonia mundial de pingüinos Magallanes, alrededor de 200.000 parejas. Allí en turnos de 2 a 3 días, las parejas se alternan para cuidar el nido e internarse en el mar en busca de alimento.

Penguins

The greatest colony in the world of Magellan penguins -around 200,000 couples- gather at Punta Tombo. The couples take turns at 2- or 3-day shifts to watch the nest and head to sea to bring back food.

28 **septiembre**
September

Anticuarios
(San Telmo, Ciudad de Buenos Aires)

San Telmo, antiguo barrio del sur de Buenos Aires, es famoso por sus tiendas de anticuarios, que surgieron allí a partir de 1970, originalmente como depósito de los artículos que se vendían los domingos en el mercado de pulgas de Plaza Dorrego.

Antique shops
(San Telmo, Buenos Aires City)

San Telmo, an old neighborhood in southern Buenos Aires, is famous for its antique shops, which sprang up in the 1970's, originally as warehouses for the items sold on Sundays in the Plaza Dorrego flea market.

Ría San Julián (Santa Cruz)

Dentro de la Reserva Natural Ría San Julián, en Santa Cruz, se encuentran las islas Banco Cormorán y Banco Justicia, también conocida como "Isla de los Pájaros", donde habitan pingüinos Magallanes, cormoranes negros, cormoranes reales y palomas antárticas, entre otras aves.

Ría San Julián (Santa Cruz)

The Banco Cormorán island and the Banco Justicia island (also known as "Bird Island") are located in the Ría San Julián Natural Reserve, province of Santa Cruz. Magellan penguins live there, along with black and royal cormorants and Antarctic pigeons, among other birds.

29 **septiembre**
September

Ciudad de Mar del Plata (Buenos Aires)

47 km de extensas playas de arena convierten a Mar del Plata en el balneario más popular de la Argentina. Más allá de la temporada de verano, la numerosa población estable le da vida propia a la ciudad, con su actividad comercial y cultural.

Mar del Plata City (Buenos Aires)

47 kilometres of long and wide sandy beaches make Mar del Plata the most popular beach resort in Argentina. Apart from summer visitors, the large resident population gives the city a life of its own with commercial and cultural activities.

2 abril
April

Punta Cuevas (Chubut)

Las aguas transparentes y calmas de Puerto Madryn son ideales para el buceo, aun para los principiantes. Meros, besugos, salmones, cangrejos, anémonas y estrellas de mar acompañan la aventura, que puede incluir la sorpresa de una incursión de lobos marinos.

Punta Cuevas (Chubut)

The calm and clear waters of Puerto Madryn are ideal for diving, even for beginners. Sea bass, sea bream, salmon, crab, anemones and starfish brighten the adventure, which may even include a surprise visit from sea-lions.

septiembre *September* **30**

Humahuaca (Jujuy)

En 2003, la Quebrada de Humahuaca fue declarada Patrimonio de la Humanidad. A 200 km de la frontera con Bolivia, este valle longitudinal que se extiende 155 km de norte a sur fue escenario de 10.000 años de historia.

Humahuaca (Jujuy)

In 2003, the Quebrada de Humahuaca was declared Heritage for All Humanity. It is 200 km distant from the border with Bolivia; this longitudinal valley, which extends for 155 km north to south, has been a witness to historical events for 10,000 years.

1 **abril**
April

Punta Cantos (Chubut)

Un atardecer en Caleta Valdés, desde el punto de vista panorámico de Punta Cantos es una magnífica manera de terminar el día, luego de haber disfrutado de la observación de las orcas, pingüinos Magallanes, elefantes y lobos marinos que congrega la caleta.

Punta Cantos (Chubut)

Watching the sunset in Caleta Valdés from the panoramic observation-point of Punta Cantos is a wonderful way to end the day after having enjoyed watching orcas, Magellan penguins and sea-lions which gather in the cove.

1 octubre
October

Caucete (San Juan)

A pesar de los fuertes sismos que han afectado la región, en Caucete, provincia de San Juan, aún perduran algunas viejas construcciones con muros de adobe. Esta mezcla de barro y paja, aunque poco resistente a las fuerzas horizontales, era muy apreciada por sus propiedades aislantes.

Caucete (San Juan)

In spite of the strong earthquakes which have shaken the area, some ancient adobe buildings still stand in Caucete, province of San Juan. This mixture of mud and straw, though vulnerable to horizontal forces, is much appreciated by local inhabitants for its insulating properties.

Carpincho

El carpincho, con sus casi 50 kilos de peso, es el mayor de los roedores vivientes. Es torpe en tierra, pero un gran nadador y se lo puede observar cerca de los ríos y esteros del noreste argentino. Tiene el pelaje pardo rojizo y es básicamente herbívoro.

Capybara

The capybara, weighing almost 50 kg, is the largest of all living rodents. Clumsy on land but a great swimmer, it can be seen by the rivers and marshes of the Argentine Northeast. Its fur is a reddish colour and it is basically herbivorous.

2 **octubre**
October

San Martín de los Andes (Neuquén)

San Martín de los Andes está ubicada a 1.600 km de la ciudad de Buenos Aires, en medio del paisaje de la cordillera de los Andes. Tanto en invierno como en verano, esta pintoresca y apacible localidad atrae a los amantes de los deportes de montaña y la vida en medio de la naturaleza.

San Martín de los Andes (Neuquén)

San Martín de los Andes is located at 1,600 km from the city of Buenos Aires and set in the Andes mountain range landscape. Both in winter and in summer, this peaceful picturesque locality attracts enthusiasts of mountain sports and life in the open air.

30 marzo *March*

Museo "Eduardo Sívori"
(Ciudad de Buenos Aires)

Este museo de arte argentino se trasladó a mediados de la década de 1990 a un edificio de estilo normando del Parque "3 de Febrero", que había sido tambo modelo y luego confitería. Junto a él se encuentra la escultura "Familia de ciervos" de Georges Gardet.

"Eduardo Sívori" Museum
(Buenos Aires City)

In the mid-90's, this museum dedicated to national art was transferred to a Norman-style building in the "3 de Febrero" park; the premises had formerly been a model dairy farm and later, a tea-room. The "Deer Family" sculpture by Georges Gardet is located near the museum.

octubre
October
3

Sur de Santa Fe

Grandes inundaciones afectaron en los últimos años la provincia de Santa Fe, causando grandes daños. Como consecuencia de esas inundaciones, se formaron extensas lagunas donde hoy los lugareños navegan y pescan las especies que se desarrollaron en sus aguas.

Southern Santa Fe

In the past few years, heavy floods have greatly damaged huge areas in the province of Santa Fe. As a result, vast lakes were formed and today the local inhabitants sail and fish for the species which appeared in the waters.

29 **marzo** *March*

Estancia Rincón (Santa Cruz)

El arte de asar la carne ha evolucionado con los años. Originalmente se utilizaba una rama para insertar la pieza y cocerla sobre brasas encendidas en el suelo. Hoy suele emplearse el asador "a la cruz", que permite sujetar los miembros anteriores del animal.

"Rincón" Ranch (Santa Cruz)

The art of barbecueing meat has evolved over the years. Originally, the meat was skewered with a branch and cooked over hot embers on the ground. Today, a cross-shaped vertical spit holds the animal open over the fire.

4 octubre
October

Palacio del Congreso Nacional
(Ciudad de Buenos Aires)

Sede del Poder Legislativo, ubicado en un extremo de la Avenida de Mayo. Con proyecto de Víctor Meano, el edificio fue inaugurado el 10 de mayo de 1906. Es de nobilísimo estilo grecorromano, de proporciones perfectas, severo y elegante.

National Congress Palace
(Buenos Aires City)

It is the seat of the Legislative Power, at the far end of Avenida de Mayo. Víctor Meano designed it and the building was opened May 10th, 1906. It is in true noble greco-roman style and displays perfect proportions; it is austere and elegant.

Tango en el Riachuelo

El tango vibra contra el gris del río que marca el límite sur de la ciudad de Buenos Aires, en el barrio de La Boca. El viejo puente transbordador en desuso y el nuevo Puente Avellaneda se suman, desde el fondo, al contraste.

Tango by the Riachuelo

The tango thrills against the grey river which marks the southern limit of Buenos Aires city, in the La Boca neighbourhood. The old footbridge, long unused, and the new Avellaneda bridge add to the contrast.

5 octubre
October

27 **marzo** *March*

Bariloche (Río Negro)

Las nubes que rodean los picos cordilleranos de la región de Bariloche no permiten imaginar, desde el aire, el ir y venir de los miles de turistas que visitan la zona y disfrutan de la belleza del paisaje y los deportes de invierno.

Bariloche (Río Negro)

Clouds swirl round the Andean peaks of the Bariloche region and, from the air, we can hardly imagine the comings and goings of thousands of tourists who visit the area and enjoy winter sports and the beauty of the landscape.

Cardones

Cuenta la leyenda que el Inca había enviado guerreros a los cuatro puntos cardinales del Imperio a la espera de la orden de entrar en combate con los Conquistadores. La orden nunca llegó y la Pachamama, piadosa, convirtió a los fieles guerreros en cardones.

Giant Cacti

Legend has it that the Inca sent warriors to the four cardinal points of the Empire to wait for the order to enter battle with the Conquistadors. The order never came and merciful Pachamama turned the faithful warriors into giant cacti.

Loros barranqueros

En la costa de Punta Bermeja, provincia de Río Negro, estas aves longevas de bello plumaje -más cercanas a los guacamayos que a los conuros- cavan sus nidos en los acantilados acelerando su proceso de derrumbe.

Burrowing Parrots

On the coast of Punta Bermeja, Río Negro, these long-living beautifully-feathered birds -closer to macaws than conures- dig their nests into the cliffs, thus accelerating the crumbling of the slopes.

26 **marzo** *March*

La doma

La doma no es sólo una técnica para amansar un caballo. Es una muestra de la destreza del jinete y una excusa para la celebración de concurridas fiestas camperas. Otros jinetes colaboran en la tarea para controlar la dirección de la marcha del animal.

Breaking-in

The "doma" is not only a technique for taming horses, but also a display of the rider's expertise and an excuse for celebrating crowded rural gatherings. Other riders join in to help direct the animal as it moves.

7 **octubre**
October

Pobladora de la puna

Los pueblos del noroeste argentino tienen un gran arraigo por su tierra y son muy respetuosos de sus tradiciones, que se manifiestan en la vestimenta, las fiestas populares, la gastronomía y las artesanías que reflejan su origen prehispánico.

Woman of the Puna

The people of the Argentine north-west are deeply rooted in the traditions of their land; these can be seen in their typical clothing, cuisine, popular celebrations and the handicrafts which reflect their prehispanic origin.

marzo
March
25

8 octubre
October

Sierra de la Ventana (Buenos Aires)

En el suroeste de la provincia de Buenos Aires, este cordón serrano cuya mayor altura es el cerro Tres Picos con 1.239 m.s.n.m., se ha convertido en un centro de interés turístico por las posibilidades de pesca, cabalgatas, escalada y observación de fauna y flora.

Sierra de la Ventana (Buenos Aires)

In the southwest of Buenos Aires province, at 1,239 metres above sea level, "Tres Picos" is the highest peak of this range of hills, which has become a touristic centre, offering activities such as fishing, horse-riding, climbing and discovering local flora and fauna.

Península Valdés (Chubut)

Una cabalgata por los acantilados del faro de Punta Delgada permite observar la flora y fauna de la región. Junto al faro, el hotel de campo que funciona en unos edificios reciclados que pertenecieron a la Armada Argentina, disfruta de un emplazamiento inigualable.

Península Valdés (Chubut)

Take a horse ride along the cliffs of Punta Delgada near the lighthouse and see the local flora and fauna. By the lighthouse, old Navy buildings have been transformed into a country hotel which offers an amazing view.

24 **marzo** *March*

Isla Victoria (Neuquén)

La isla Victoria, en el Parque Nacional Nahuel Huapi, es una reserva natural de riquísima flora y fauna. Las pinturas rupestres halladas en la isla hablan de la presencia de aborígenes tehuelches en la isla en el siglo XII.

Isla Victoria (Neuquén)

Victoria Island, in the Nahuel Huapi National Park, is a natural reserve rich in local flora and fauna. The cave paintings found on the island testify to the presence of Tehuelche indians on the island during the 12th century.

octubre
October
9

Amargasaurus cazaui

Este herbívoro de 9 metros de longitud y 6 toneladas de peso, cuya denominación hace referencia a La Amarga -formación en la provincia de Neuquén donde fueron hallados sus restos-, habitó la región hace 125 millones de años. Se exhibe en el Museo Paleontológico "Egidio Feruglio" de Trelew.

Amargasaurus cazaui

This 9-metre-long herbivore which weighs 6 tons inhabited this region 125 million years ago; its name comes from La Amarga, the area in the province of Neuquén where its remains were discovered. Is exhibited in the "Egidio Feruglio" Museum of Paleontology in Trelew.

23 **marzo**
March

Ballena franca austral

De todas las especies de ballenas que existen hoy, la ballena franca austral es la que sufre mayor peligro de extinción por la caza feroz de la que fue víctima en los tres últimos siglos. El Gobierno Nacional la declaró Monumento Natural en 1984.

Southern Right Whale

Of all the whale species in existence today, this is the one in greatest danger of extinction from ferocious hunting during the last three centuries. The National Government declared this whale a Natural Monument in 1984.

10 octubre
October

Camino viejo al glaciar Perito Moreno (Santa Cruz)

Transitar el camino viejo que conduce al glaciar Perito Moreno es parte de la aventura. El paisaje desolado de los alrededores no hace más que agregar misterio a la travesía y alimentar las expectativas de la llegada.

On the old road to the Perito Moreno Glacier (Santa Cruz)

To travel along the old road which leads to the Perito Moreno glacier is part of the adventure. The desolate landscape only adds further mystery to the journey and increases the travellers' expectations of the arrival.

marzo
March
22

Puerto Madero
(Ciudad de Buenos Aires)

El antiguo puerto de Buenos Aires, renovado y embellecido en la última década, es uno de los barrios residenciales y centros de esparcimiento más atractivos de la ciudad.

Puerto Madero
(Buenos Aires City)

The old port of Buenos Aires has been renovated and embellished during the past decade; today, it is one of the most attractive residential neighborhoods and leisure areas in the city.

Laguna Nimez (Santa Cruz)

La Laguna Nimez es una Reserva Ecológica Municipal de El Calafate, en la provincia de Santa Cruz, muy frecuentada por los amantes de la observación de aves. Entre las más de 80 especies, pueden mencionarse garzas, flamencos, cisnes de cuello negro, chimangos, ostreros y calandrias.

Laguna Nimez (Santa Cruz)

The Nimez lake is a Municipal Ecological Reserve of El Calafate in the province of Santa Cruz, a "must" for enthusiastic birdwatchers. Over 80 species include herons, flamingos, black-necked swans, "chimangos", oystercatchers and mockingbirds.

21 **marzo** *March*

Cueva de las Manos
(Santa Cruz)

Cañadón y cuevas con pinturas rupestres en la estancia "La María", provincia de Santa Cruz. Estas cuevas eran utilizadas por los aborígenes hace más de 10.000 años. El cañadón servía como un gran corral natural donde encerraban el ganado, fundamentalmente guanacos.

Cueva de las Manos
(Santa Cruz)

Ravine and caves protecting cave paintings on the "La María" ranch, province of Santa Cruz. These caves were used by aborigenes over 10,000 years ago. The ravine served as a huge natural corral where the cattle were enclosed, the herd being made up mainly of guanacos.

octubre
October
12

Café La Paz
(Ciudad de Buenos Aires)

En una esquina de la avenida Corrientes, este café de la década de 1960 fue lugar de reunión de los intelectuales y bohemios de la época. Debates políticos, encuentros amorosos, la filosofía de los partidarios del "amor y paz" convivieron en este tradicional café, hoy remodelado.

Café La Paz
(Buenos Aires City)

On a Corrientes Avenue corner, this coffee-shop, emblematic of the 60's, was the meeting-place for intellectuals and bohemians of that time. Political debates, lovers' meetings and the philosophy of "love, not war" enthusiasts all met in this most traditional café, since refurbished.

20 **marzo** *March*

Estancia La Paz (Córdoba)

Esta estancia de la localidad de Ascochinga, que el Presidente Roca solía elegir para su descanso, ha sido remodelada y abierta al turista. Ofrece la serena belleza de su entorno y la posibilidad de realizar cabalgatas, pesca deportiva y observación de aves, entre otras actividades.

"La Paz" Ranch (Córdoba)

In the area of Ascochinga, this ranch, which President Roca chose for his repose, has been refurbished and opened up to the tourist. It offers the serene beauty of its surroundings, horse rides, sport fishing and bird-watching, among other activities.

13 **octubre**
October

Olavarría (Buenos Aires)

Olavarría es una zona ganadera por excelencia, donde el 70% de las cabezas corresponden a la raza Aberdeen Angus, originaria de Escocia e introducida en el país en 1879 por don Carlos Guerrero. Esta raza es proveedora de las mejores carnes del país.

Olavarría (Buenos Aires)

Olavarría is an outstanding cattle-breeding region, where 70% of the animals belong to the Aberdeen Angus breed, native to Scotland and which Don Carlos Guerrero brought to the country in 1879. This breed produces the best meat in the country.

marzo
March
19

Valle Fértil (San Juan)

El paisaje de las sierras de San Juan se vuelve más verde aquí, ya que la zona tiene el mayor régimen pluvial de la provincia, lo que permite el cultivo de frutales y la ganadería extensiva. Los arroyos y cascadas y un lago artificial se suman al atractivo de la región.

Valle Fértil (San Juan)

The landscape of the San Juan hills becomes greener here, as it is the area with the highest rainfall in the province; this makes for extensive fruit-growing and cattle-raising. Rivers, waterfalls and an artificial lake add to the attractions of the region.

14 octubre
October

Cerro Otto (Río Negro)

La base de este cerro es ideal para el esquí nórdico y el trineo. Luego de 12 minutos de ascenso y 2.100 m de recorrido, un teleférico que transporta 500 pasajeros por hora llega hasta la cumbre, a 1.405 metros sobre el nivel del mar.

Cerro Otto (Río Negro)

The lower slopes of this hill are ideal for cross-skiing and sledding. After a 12-minute ride travelling 2,100 m, the cable-car carrying 500 passengers per hour arrives at the peak, 1,405 metres above sea level.

18 marzo
March

Isla de los Pájaros (Chubut)

Frente a la península Valdés, diez especies de aves, entre ellas gaviotas cocineras, ostreros negros y pingüinos Magallanes, anidan todos los años y el barullo de sus voces puede oírse desde la costa, a 800 metros de distancia.

Isla de los Pájaros (Chubut)

Across from the Valdés peninsula, ten species of birds, such as the kelp gull, the black oystercatcher and the Magellan penguin, nest here every year and their calls can be heard 800 metres away, from the coast.

octubre *October* **15**

Guanaco

Rumiante del grupo de los camélidos, forma manadas de un macho y 4 a 10 hembras. Habita regiones áridas y semiáridas desde Perú hasta Tierra del Fuego. Llega a medir 1,40 m de altura y puede pesar entre 50 y 80 kilos.

Guanaco

This ruminant from the Camellid group forms herds of one male and from 4 to 10 females. It lives in arid and semi-arid areas from Perú down to Tierra del Fuego. It can reach a height of 1.40 m and can weigh between 50 and 80 kilos.

17 **marzo**
March

Ñandú

El ñandú es un ave terrestre originaria de América, que llega a medir 1,80 m de altura y pesar hasta 30 kg. Tiene un cuello largo, pico corto y largas patas terminadas en tres dedos. Es omnívoro y construye su nido en el suelo.

Greater Rhea

The Greater Rhea is a terrestrial bird, originally from America, which may grow to 1,80 m in height and weigh up to 30 kg. It has a long neck, short beak and long legs which end in three toes. It is omnivorous and builds its nest on the ground.

16 **octubre**
October

Puerto Madryn (Chubut)

La ciudad de Puerto Madryn está ubicada sobre una meseta a orillas del Golfo Nuevo, en el noreste de la provincia de Chubut. Tiene una población estable de 45.000 habitantes y es la cabecera de toda la actividad turística de la región.

Puerto Madryn (Chubut)

Puerto Madryn city is on a plateau by the banks of Golfo Nuevo, in the northwest of the province of Chubut. It numbers 45,000 permanent residents and is the main hub of all tourist activity in the region.

17 **octubre** *October*

Glaciar Upsala (Santa Cruz)

Sólo observable desde una embarcación, el glaciar Upsala, al que se arriba navegado a través del Brazo Norte del lago Argentino, es el de mayor superficie dentro del hielo continental patagónico. Frente al glaciar, la profundidad del lago alcanza los 1.000 m.

Upsala Glacier (Santa Cruz)

The Upsala glacier may only be reached by water along the Brazo Norte of Lake Argentino and can only be observed from a boat; it covers the largest area within the continental Patagonian ice-mass. The depth of the lake reaches 1,000 m in front of the glacier.

15 **marzo**
March

Iruya (Salta)

La iglesia de "San Roque y Nuestra Señora del Rosario" fue fundada alrededor de 1753 y refaccionada en varias oportunidades. Una colorida fiesta patronal en honor de la Virgen de Nuestra Señora del Rosario se celebra en Iruya el primer domingo de octubre.

Iruya (Salta)

The church of "San Roque y Nuestra Señora del Rosario" was founded around 1753 and refurbished on several occasions. On the first Sunday of October, a colorful "fiesta" is celebrated in Iruya in honor of the region's patron saint, the Virgin of Our Lady of the Rosary.

Club de Pescadores
(Ciudad de Buenos Aires)

Es la institución de pesca deportiva más antigua en Sudamérica. Fue fundada en 1937 y tiene su propio muelle de pesca y su sede social sobre el Río de la Plata. El edificio es un fiel exponente de la arquitectura pintoresquista en Buenos Aires.

Club de Pescadores
(Buenos Aires City)

This is the oldest sport-fishing institution in South America. It was founded in 1937 and has its own fishing-pier and social facilities on the Río de la Plata. The building is a perfect example of "picturesque" architecture in Buenos Aires.

Parroquia de San Pedro Telmo
(Ciudad de Buenos Aires)

Esta iglesia que lleva el nombre del patrono de los navegantes, se encuentra a metros de Plaza Dorrego. Su diseño original a cargo de un arquitecto jesuita sufrió varias modificaciones desde 1734. Las sucesivas remodelaciones hicieron que se mezclaran elementos de diversos estilos.

San Pedro Telmo Church
(Buenos Aires City)

This church, which bears the name of the patron saint of seamen, is only steps away from Plaza Dorrego. Its original design by a Jesuit architect has been altered several times since 1734. The varying architectural styles of each remodelling can still be seen.

14 **marzo**
March

Molino

Introducidos en las últimas décadas del siglo XIX para combatir los efectos de las sequías que perjudicaban la industria ganadera, los molinos de viento se fueron reproduciendo en el paisaje de la llanura, poblando el silencio con sus chirridos metálicos.

Windmill

Introduced in the late 19th century in order to defeat the effects of droughts harming the cattle industry, windmills began appearing all over the grassland landscape, interrupting the silence with their metallic whirring.

19 **octubre**
October

Ballena franca austral
(Golfo Nuevo, Chubut)

Mientras que los machos de esta especie visitan el área de Península Valdés todos los años, las hembras lo hacen cada 3 años para parir una sola cría luego de 12 meses de gestación. Al nacer, un ballenato mide unos 5,5 m.

Southern Right Whale
(Golfo Nuevo, Chubut)

While the males of this species visit the Valdés Peninsula area every year, the females do so every 3 years and produce only one calf, after a 12-month pregnancy. At birth, a calf measures approximately 5.5 m.

marzo
March
13

Quebrada de las Flechas (Salta)

Este paso montañoso, producto de la erosión eólica y pluvial, se extiende entre Angastaco y San Carlos, bordeado de gigantescas pirámides de arenisca blanca semicompacta que semejan flechas y dieron lugar a su nombre.

Quebrada de las Flechas (Salta)

This mountain pass, a product of rain and wind erosion, extends between Angastaco and San Carlos, flanked by gigantic white semicompact sandstone pyramids, which resemble arrows, thence its name.

20 **octubre** *October*

Otro tango

Cada bailarín, cada pareja, interpreta el tango a su manera: su compás invita tanto a la acrobacia dramática que le imprimen los más jóvenes y atléticos, como a la sobria sensualidad -más misteriosa e íntima- que expresan los bailarines tradicionales.

Another Tango

Every dancer and every couple interprets the tango in their own way; its rhythm invites not only the dramatic acrobatics of young and athletic dancers but also the grave sensuality -perhaps more mysterious and intimate- which traditional dancers express.

Isla Huemul (Río Negro)

Esta isla ubicada en el lago Nahuel Huapi fue el sitio elegido para instalar un monumental laboratorio donde, entre 1949 y 1952, el alemán Ronald Ritcher lograría la fusión nuclear controlada, según había prometido al Gobierno Nacional. Fue declarada Reserva Histórica, Ecológica y Turística en 1994.

Isla Huemul (Río Negro)

In Lake Nahuel Huapi, the Huemul island was chosen as the location for the monumental laboratory where, between 1949 and 1952, German scientist Ronald Richter would achieve controlled nuclear fission, as he had promised the National Government. In 1994, it was declared a Historical, Ecological and Tourist Reserve.

octubre
October
21

Parque Nacional Nahuel Huapi
(Río Negro)

En otoño, el bosque precordillerano se ilumina con las llamaradas rojas, amarillas y púrpuras de las especies de hoja caduca, que se destacan contra el verde profundo de las añosas coníferas.

Nahuel Huapi National Park
(Río Negro)

In autumn, in the Andean foot-hills, the forests blaze with the red, yellow and purple foliage of local trees which contrast dramatically with the deep green of ancient conifers.

11 **marzo**
March

Ammonite

Este fósil de ammonite, molusco cefalópodo con caparazón en forma de espiral, se exhibe en el Museo Paleontológico "Egidio Feruglio" de Trelew. Más parecidos a los nautilos que a los actuales cefalópodos (pulpos, sepias y calamares), los ammonites se extinguieron a fines del cretáceo.

Ammonite

This fossil of an ammonite, a cefalopod mollusk with a spiral shell, is exhibited in the "Egidio Feruglio" Museum of Paleontology in Trelew. The ammonite has a greater resemblance to the nautilus than to today's cephalopods (octopus, sepia and squid) and became extinct at the end of the Cretaceous period.

22 **octubre** *October*

Glaciar Perito Moreno
(Santa Cruz)

El crecimiento constante de este glaciar genera, por presión en su frente, el desprendimiento de grandes bloques de hielo que sacuden las aguas del lago Argentino y producen un estruendo que atemoriza.

Perito Moreno Glacier
(Santa Cruz)

Owing to pressure on its front, the constant growth of this glacier generates the collapse of huge blocks of ice which shake the waters of Lake Argentino and produce a terrifying roar.

Bahía y glaciar Onelli (Santa Cruz)

En los bosques andino patagónicos de la zona de Bahía Onelli, es posible ver pastar vacas en estado salvaje. A menos de 1 km de distancia de la bahía, se encuentra la laguna Onelli, donde confluyen tres glaciares: el Bolado, el Agassiz y el Onelli.

Onelli Bay and Glacier (Santa Cruz)

Wild cows graze in the Andean forests of Patagonia, in the area of Onelli Bay. At less than 1 km from the bay, Lake Onelli is found, where three glaciers meet: Bolado, Agassiz and Onelli.

23 **octubre**
October

Playa Pardelas (Chubut)

Playa Pardelas, en las cercanías de Puerto Pirámides, es una playa de canto rodado de fácil acceso, con una profundidad media de 4 metros, muy apta para la práctica del buceo. Las restingas que se forman en la playa se pueden recorrer a pie.

Playa Pardelas (Chubut)

Close to Puerto Pirámides, it is easy to reach stony Pardelas beach; it has an average depth of 4 m and is very suitable for deep-sea diving. The rock-bars which form on the beach may be traversed on foot.

Puma

Este carnívoro de hábitos nocturnos y crepusculares suele huir de la presencia del hombre. Los adultos, que pesan de 40 a 70 kilos, tienen un pelaje dorado uniforme, mientras que los cachorros presentan manchas y rayas irregulares de color oscuro.

Puma

By dusk, this nocturnal carnivore tends to avoid the presence of humans. The adults, which can weigh between 40 to 70 kilos, have a uniformly golden pelt, while the cubs display dark irregular spots and stripes.

octubre
October
24

Carancho

Es posible hallarlo en varias regiones de la Argentina, incluso en zonas pobladas. Esta ave de la familia *Falconidae* puede llegar a medir 60 centímetros de alto. El macho y la hembra, que permanecen unidos de por vida, se alternan para empollar los huevos.

Southern Caracara

This bird belongs to the Falconidae family and may reach a height of 60 cm. It can be found in many areas of Argentina, even in populated places. The male and female, which join for life, take it in turns to hatch the eggs.

8 **marzo** *March*

Cafés de Buenos Aires

Los cafés de Buenos Aires siempre han formado parte de la estructura sociológica de la ciudad. En Recoleta, junto al mercado artesanal y un moderno centro de ventas de artículos de diseño, varios cafés congregan en sus mesas a porteños y turistas.

Cafés of Buenos Aires

The coffee-shops of Buenos Aires have always been an essential part of the city's social structure. In Recoleta, close to the arts-and-crafts market and a modern design center, various cafés gather together locals and tourists.

25 **octubre**
October

Campos de girasol

A mediados del verano, los girasoles lucen sus espléndidas inflorescencias. Las grandes áreas cultivadas, el alto rendimiento y la moderna tecnología de la industria aceitera argentina han convertido al país en el mayor exportador mundial de aceite de girasol.

Sunflower Fields

By midsummer, the sunflowers display their splendid blooms. The size of the areas under cultivation, their high yield and the modern technology of the Argentine vegetable oil industry have made the country into the largest sunflower oil exporter in the world.

marzo
March
7

26 **octubre**
October

Volcán Lanín (Neuquén)

Las 412.000 hectáreas del Parque Nacional Lanín, provincia de Neuquén, se extienden al pie de este volcán cuya cumbre se encuentra a 3.776 m.s.n.m. y desde la que se divisan los volcanes Llaima, Villarrica, Osorno y Quetrupillán, el cerro Tronador y varios lagos de la región.

Lanín Volcano (Neuquén)

The 412,000 hectares of the Lanín National Park, extend to the foot of this volcano of 3,776 metres above sea level. From this height, there is a stupendous view of the Llaima, Villarica, Osorno and Quetrupillán volcanoes, Mount Tronador and several lakes dotting the landscape below.

Trekking (Glaciar Perito Moreno, Chubut)

Una caminata por el glaciar Perito Moreno en compañía de guías expertos es una experiencia incomparable para los amantes de la aventura. En el fondo de las profundas grietas de color azul que surcan el hielo, es posible distinguir el agua.

Trekking (Perito Moreno Glacier, Chubut)

A trek over the Perito Moreno glacier in the company of experienced guides is an incomparable experience for adventure-lovers. At the very bottom of the deep blue crevasses which criss-cross the ice, water can be seen.

6 marzo *March*

Parque Nacional Los Arrayanes (Neuquén)

Un bosque casi puro de arrayanes de 12 hectáreas justificó la creación de este Parque Nacional en la península de Quetrihué. Algunos de estos arrayanes de troncos lisos y fríos de color canela, pequeñas flores blancas y frutos violáceos tienen más de 500 años.

Los Arrayanes National Park (Neuquén)

This National Park was created around a 12-hectare forest of myrtles on the Quetrihué peninsula. Some of these myrtles, with their smooth, cold, cinnamon-coloured trunks, small white flowers and violet berries are over 500 years old.

Cerro Colorado (Córdoba)

En la zona de Cerro Colorado existe una de las muestras pictográficas más interesantes del continente, con más de 1.000 años de antigüedad. Las imágenes reflejan aspectos de la vida cotidiana de los pueblos indígenas, sus motivos religiosos y escenas del arribo de los conquistadores.

Cerro Colorado (Córdoba)

Around Cerro Colorado, there is one of the most interesting collections of pictographs on the continent. The images, over 1,000 years of age, reflect aspects of aboriginal peoples' daily life, religious motifs and scenes depicting the arrival of the Spanish Conquistadors.

5 marzo
March

Gaviota cocinera

Esta gaviota habita las costas del mar y los lagos de la Patagonia. Se alimenta de carroña y también depreda nidos de otras aves. Mide entre 55 y 60 cm, tiene pico amarillo con una mancha roja y plumaje blanco con espalda y alas negras.

Kelp Gull

This gull inhabits the sea-coasts and lakes of Patagonia. It is a carrion feeder and also preys on other birds' nests. It measures between 55 and 60 cm, has a yellow beak with a red mark, white feathers, and a black back and wings.

28 **octubre** *October*

Flor del notro

El notro es un árbol perenne que florece en primavera y al final del verano en la periferia de los bosques, desde el sur de Neuquén hasta Tierra del Fuego. Sus racimos de flores tubulares de color rojo intenso atraen a los picaflores.

Chilean Firebush

On the outskirts of the forests from the south of Neuquén to Tierra del Fuego, this perennial tree flowers in spring and at the end of summer; hummingbirds are attracted to the clusters of tubular blossoms by their intense red colour.

29 **octubre**
October

Bosque petrificado (Santa Cruz)

Esparcidos por el terreno, yacen los restos mineralizados de bosques de coníferas que poblaban la región antes del nacimiento de la cordillera de los Andes. La presencia de restos fósiles y ejemplares de la flora y fauna actual se suman al interés de este yacimiento.

Fossil forest (Santa Cruz)

Scattered over the land lie the mineralized remains of the pine forests which grew in the area before the birth of the Andes Range. The fossil remains from so long ago, together with today's specimens of local flora and fauna enhance the attractions of the area.

Cabo Blanco (Santa Cruz)

El faro de ladrillos rojos de Cabo Blanco, al norte de Puerto Deseado, domina toda la Reserva Natural donde los lobos marinos de dos pelos encontraron, desde 1937, un hábitat protegido para recuperarse de la caza indiscriminada que había diezmado la especie.

Cabo Blanco (Santa Cruz)

North of Puerto Deseado, the red-brick lighthouse of Cabo Blanco dominates the Nature Reserve where, since 1937, sea-lions have found a protected habitat to recover from indiscriminate hunting which had decimated the species.

3 marzo
March

Puerto de Pescadores
(Mar del PLata, Buenos Aires)

En el Puerto de Pescadores de Mar del Plata, el amarillo y el rojo son los colores predominantes y permiten distinguir el área de pesca de las embarcaciones: costera, media altura y altura. Los restoranes del área ofrecen el variado producto de esta actividad.

Puerto de Pescadores
(Mar del PLata, Buenos Aires)

In the fishing port of Mar del Plata, red and yellow are dominant colors and identify the vessels' fishing areas: coastal, middle range and high seas. The local restaurants offer a wide variety of the product of this activity.

octubre
October
30

Mercado de pulgas
(San Telmo, Ciudad de Buenos Aires)

Todos los domingos, Plaza Dorrego se convierte en un mercado de pulgas donde turistas y porteños merodean en busca de “retazos de historia”, mientras artistas callejeros ofrecen su música y sus pinturas, y algunas parejas se animan a bailar un tango.

Flea Market
(San Telmo, Buenos Aires City)

Every Sunday, Plaza Dorrego becomes a flea market where locals and tourists stroll, seeking snippets of history, as street performers play music and display their art, and some couples even gather the courage to dance a tango.

2 **marzo**
March

Catedral Metropolitana
(Ciudad de Buenos Aires)

Fue edificada en 1791 por el arquitecto Antonio Masella. En 1882 se construyen las doce columnas en cuyo frontispicio triangular se representa el encuentro de Jacobo con su hijo José en Egipto, simbolizando el encuentro de Buenos Aires con las otras provincias de la Nación.

Metropolitan Cathedral
(Buenos Aires City)

It was built in 1791 by architect Antonio Masella. In 1882, the twelve columns were raised, on whose triangular frontispiece was carved the meeting of Jacob and his son Joseph, in Egypt, symbolizing the meeting of Buenos Aires with the other provinces of the Nation.

31 octubre
October

Catedral (Bariloche, Río Negro)

La Catedral de Bariloche, ubicada sobre la Avenida Costanera, fue construida en 1946 y lleva el nombre de "Nuestra Señora del Nahuel Huapi". Fue diseñada por el arquitecto Ezequiel Bustillo en estilo neogótico, con planta en forma de cruz latina.

Cathedral (Bariloche, Río Negro)

Bariloche's cathedral, located on Costanera avenue, was built in 1946 and bears the name of "Nuestra Señora del Nahuel Huapi". It was designed by architect Ezequiel Bustillo in a neo-gothic style, and the floor plan is in the shape of a latin cross.

Enlazando

En la provincia de Corrientes, como en muchas otras, el hombre de campo se vale del lazo como herramienta de trabajo. Las bombachas rayadas que luce este paisano son típicas de esa provincia del noreste argentino.

Using the lassoo

In the province of Corrientes, as in many others, the lassoo is a common worktool for the farmhands. The striped "bombachas" this countryman is wearing are typical of this Northeastern Argentine province.

1 noviembre
November

29 **febrero**
February

Ejemplares jóvenes de elefante marino

Como parte de su entrenamiento para su vida futura, estos jóvenes lobos marinos, que nacen de color negro y adquieren luego coloración gris, juegan en el mar. Los adultos, fuera de la temporada reproductiva que va de agosto a noviembre, son mucho menos activos.

Young Elephant Seals

As part of their learning experience for their future lives, these young seals, which are born black and then turn grey, frolic in the sea. The adults, beyond the mating season from August to November, are much less active.

Humahuaca (Jujuy)

Entre la población aborigen, las madres siguen transportando a sus niños pequeños como lo hacían hace siglos, compartiendo con ellos muchas de las tareas cotidianas. La misma prenda que usan para sujetarlos a su espalda sirve, en otras ocasiones, para transportar bultos.

Humahuaca (Jujuy)

In the local community, mothers still carry their babies in the ancient fashion while they perform their daily duties. The cloth which ties the infants to their mothers' backs is often, when necessary, used to transport bulky parcels.

noviembre
November
2

Cultivo de soja

En la provincia de Córdoba, el molino de viento -silueta repetida en toda la pampa húmeda- acompaña con sus chirridos el crecimiento de la soja, que ocupa el primer lugar en las exportaciones del país, superando al petróleo y sus subproductos.

Soy fields

In the province of Córdoba, the windmill -that familiar Pampas shape- whirrs over the growing soy, which is the main export product in the country, ahead of petroleum and its subproducts.

28 **febrero**
February

Fuente de las Nereidas

Es una de las piezas escultóricas más importantes y bellas de la ciudad, ubicada en la Costanera Sur y realizada por una precursora mujer: Lola Mora. Exhibe el nacimiento de Venus y está realizada en mármol de Carrara y granito rosa.

"Las Nereidas" Fountain

This is one of the most significant and beautiful sculptures of the city, located on the southern riverside boulevard and produced by a woman pioneer: Lola Mora. It depicts the birth of Venus, carved out of Carrara marble and pink granite.

3 noviembre
November

Ciudad de Buenos Aires

Fundada dos veces, en 1536 y 1580 respectivamente, la ciudad fue declarada Capital de la Nación en 1880. Sus 3 millones de habitantes, sumados a los 7 millones del área metropolitana, convierten a esta ciudad cosmopolita en una de las 10 más pobladas del mundo.

Buenos Aires City

Founded twice, first in 1536 and again in 1580, Buenos Aires was declared National Capital in 1880. Its 3 million inhabitants, together with a further 7 million living in the metropolitan area, make this cosmopolitan city one of the 10 most populous cities in the world.

febrero
February **27**

Estancia San Guillermo

En las 2.700 hectáreas de la estancia San Guillermo se crían ovinos. La estancia está abierta al turismo y ofrece demostraciones de tradicionales técnicas de esquila, cabalgatas, paseos de observación de fauna y flora y recorridos de interés paleontológico, entre otras actividades.

"San Guillermo" Ranch

Sheep are bred on the 2,700-hectare "San Guillermo" ranch. The ranch is open to tourists and offers demonstrations of traditional sheep-shearing techniques, horse-rides, flora and fauna observation walks and treks to paleontological points of interest, among other activities.

4 **noviembre**
November

Estancia Alice (Santa Cruz)

En las afueras de El Calafate, sobre la costa del lago Argentino, esta tradicional estancia patagónica dedicada a la cría de ovinos y la producción de lana es ideal para el ecoturismo, el agroturismo y la observación de la fauna silvestre.

"Alice" Ranch (Santa Cruz)

On the outskirts of El Calafate, on the coast of Lake Argentino, this traditional Patagonian ranch, which breeds sheep and produces wool, is the ideal place for eco-tourism, agrotourism and for watching local wildlife.

26 **febrero**
February

Paloma antártica

La paloma antártica, que mide unos 35 cm, tiene plumaje totalmente blanco y un pico muy robusto. Nidifica en la Antártida y migra hacia el norte en invierno, cuando se la puede observar incluso en las costas de la provincia de Buenos Aires.

Antarctic dove

The Antarctic dove measures some 35 cm. Its plumage is entirely white and it has a robust beak. It nests in Antarctica and migrates North in the winter, when it can be seen even along the coastline of the province of Buenos Aires.

Puente del Inca (Mendoza)

Cuenta la leyenda que el Inca llevaba a su hijo paralítico a estas termas y sus guerreros formaron una cadena humana para que ambos pudieran cruzar el río y llegar a destino. Al volverse, el Inca vio a sus guerreros convertidos en puente de piedra.

Puente del Inca (Mendoza)

According to legend, the Inca was carrying his crippled son to these hot springs, so his warriors formed a human chain so that both of them could cross the river to their destination. Upon his return, the Inca saw that his warriors had been transformed into a bridge of stone.

25 **febrero**
February

Río Luján (Tigre, Buenos Aires)

Uno de los grandes embarcaderos y guarderías náuticas de la zona del Tigre, al norte de la ciudad de Buenos Aires, donde modernos emprendimientos inmobiliarios han creado áreas residenciales y recreativas que disfrutan de acceso directo al río.

Luján River (Tigre, Buenos Aires)

One of the large boat marinas in the Tigre district, to the north of the city of Buenos Aires, where modern real-estate developments have created residential and recreational areas, which offer direct access to the river.

6 noviembre
November

Glaciar Onelli (Santa Cruz)

El glaciar Onelli es uno de los 13 grandes glaciares integrantes de la masa de hielo continental patagónico. En las aguas de la laguna Onelli flotan trozos desprendidos del glaciar Onelli, cuya superficie se estima en 84 km².

Onelli Glacier (Santa Cruz)

The Onelli glacier is one of the 13 great glaciers that make up the Patagonian continental ice-mass. Ice-floes from the Onelli glacier (84 sq km) float on lake Onelli.

Valle de la Luna (San Juan)

Es difícil imaginar que en el triásico los dinosaurios se paseaban por Ischigualasto en medio de gigantescos helechos y bosques. Los cambios geológicos, las temperaturas extremas y los vientos fueron modelando el paisaje de esta región ahora desértica.

Valle de la Luna (San Juan)

It is difficult to imagine that, during the Triassic period, dinosaurs walked through Ischigualasto amid gigantic forests and ferns. Geological events, constant winds and extreme temperatures sculpted the landscape of this region into the desert it is today.

7 noviembre
November

Llama

La llama es el más manso de los cuatro camélidos americanos y el de mayor tamaño. Se la utiliza desde hace miles de años como animal de carga. Su carne es comestible y su lana muy preciada en la industria textil.

Llama

The llama is the tamest of the 4 American camellids and the largest. For thousands of years, it has been used as a beast of burden. Its meat is edible and its wool is highly prized in the textile industry.

Bariloche (Río Negro)

Desde la Aerosilla, el lago Nahuel Huapi cobra una nueva dimensión. Sin embargo, la mirada no alcanza para abarcar las 55.700 hectáreas de este profundo lago de origen glaciario, formado por siete brazos que le confieren un contorno muy recortado a sus costas.

Bariloche (Río Negro)

Seen from the ski-lift, Lake Nahuel Huapi takes on a new dimension. Even so, the eye cannot cover the 55,700 hectares of this deep lake of glacial origins, made up of seven arms which cut out coves and bays along its coast.

noviembre
November
8

Cortadera

Esta gramínea perenne está muy extendida en la zona pampeana, donde crece en grandes matas en los campos y junto a los caminos. Sus hojas tienen los bordes finamente aserrados y sus bellos penachos de flores, de color plateado a lila claro, llegan a los 3 metros de altura.

Pampas Grass

This perennial grass is widely found in the Pampas region, where it grows in large, tall bushes in the fields and by the waysides. Its leaves are finely serrated and its beautiful feathery flowers, ranging from silver to pale lilac, may grow to a height of 3 metres.

22 febrero
February

Estrella Federal

Originario de México y muy difundido en la Argentina, este arbusto, conocido también como "Flor de Navidad", alcanza los 3 metros de altura y debe su atractivo a las coloridas brácteas que preceden a las flores y permanecen en la planta 2 o 3 meses.

Poinsettia

This shrub originated in Mexico and spread throughout Argentina; it is known as the "Christmas flower" and reaches 3 m in height. Its colourful bracts appear before the flowers which remain on the plant for 2 to 3 months.

9 **noviembre**
November

Nacimiento del río Chubut

El río Chubut nace en la zona de El Maitén y desemboca en la costa patagónica. La diferencia de caudal entre la estación seca y la época de creciente (4 m^3/s a 30 m^3/s) ha generado en sus márgenes una franja de tierras muy fértiles aptas para la agricultura.

Source of the Chubut river

The Chubut river is born in the El Maitén area and flows into the sea on the Patagonian coast. Thanks to the difference in volume during the dry and wet seasons (4 m^3/s to 30 m^3/s), the land on its banks is very fertile and good for agriculture.

10 **noviembre**
November

Glaciar Perito Moreno (Santa Cruz)

En 1947, el glaciar Perito Moreno avanzó a tal punto que logró cruzar el Canal de los Témpanos y llegó hasta el extremo de la península de Magallanes, destruyendo a su paso el añoso bosque de lengas que existía en la zona.

Perito Moreno Glacier (Santa Cruz)

In 1947, the Perito Moreno glacier advanced until it crossed the Canal de los Témpanos (Iceberg Channel) and reached the tip of the Magellan peninsula, crushing the old "lenga" forests as it travelled.

Puerto Pañuelo (Río Negro)

Sobre la costa del lago Nahuel Huapi, frente al Hotel Llao Llao, se encuentra Puerto Pañuelo. La navegación por las profundas y casi siempre encrespadas aguas del lago es una muy agradable experiencia.

Puerto Pañuelo (Río Negro)

Puerto Pañuelo is located on the coast of the Nahuel Huapi lake, facing the Llao Llao Hotel. Sailing through its deep and choppy waters is always an exhilarating experience.

20 **febrero** *February*

Plaza San Martín
(Ciudad de Buenos Aires)

Los jardines de la plaza San Martín fueron remodelados bajo la experta dirección de Charles Thays. En 1936 se construyó a su vera el edificio Kavanagh, primera torre de viviendas levantada en Buenos Aires. Las más prestigiosas cadenas hoteleras están presentes en la zona.

Plaza San Martín
(Buenos Aires City)

The gardens of this Plaza were remodeled under the expert eye of Charles Thays. Beside it, in 1936, the Kavanagh Building was raised; this was the first apartment building in Buenos Aires. The most prestigious international hotel chains are established in the area.

noviembre *November* **11**

Bandoneón

Similar a la concertina, el bandoneón ha sido esencial en la historia del tango. El primer bandoneón, de origen alemán, fue introducido en la Argentina alrededor de 1860. Unas décadas más tarde, el naciente tango le dio notoriedad a su inconfundible sonido.

Bandonion

Similar to an accordeon, the "bandoneón" is an essential element in the history of the tango. The first bandonion, of German origin, appeared in Argentina around 1860. A few decades later, the new-born tango made its unmistakable sound famous.

19 febrero
February

Trenzado de cuero

El trenzado en cuero es una de las artesanías típicas argentinas. Finísimas lonjas de cuero crudo cortadas a cuchillo se entretejen para crear mangos de cubiertos, cinturones, rebenques, riendas y otras prendas del apero criollo.

Leather Plaiting

Leather plaiting is a typical Argentine craft. Thin strips of raw hide, cut with a knife, are plaited into cutlery handles, belts, whips, reins and other items of "criollo" riding gear.

12 **noviembre**
November

Soja

En los tallos de más de 1 metro de altura, los frutos de la soja comienzan a madurar. Cuando caigan las hojas, en cada uno habrá de 1 a 4 pequeñas semillas de alto valor nutritivo, listas para ser cosechadas.

Soy

On 1-metre-high stems, the fruit begins to ripen. When the leaves fall, each fruit will hold from 1 to 4 seeds of high nutritional value ready to be harvested.

febrero
February
18

Hotel La Leona

En este antiguo hotel de las proximidades del lago Viedma, los visitantes prueban su puntería en el "juego de la argolla". Los más hábiles -o afortunados- dejan testimonio escrito de su triunfo en las hojas de papel que, para ese fin, hay junto al juego.

"La Leona" Hotel

At this old hotel near Lake Viedma, visitors can try their aim in the "ring game". The most skillful -or luckiest- players leave a record of their victories in writing on the pages lying beside the game.

13 noviembre
November

Dunas (Península Valdés, Chubut)

Presentes en algunas zonas de la costa del Golfo Nuevo y el Golfo San José en Península Valdés, las dunas -aparentemente desiertas- son hábitat de diversos ejemplares de la flora y fauna de la región.

Dunes (Valdés Peninsula, Chubut)

In areas on the coast of Golfo Nuevo and Golfo San José in the Valdés peninsula, the apparently deserted dunes are the habitat of several specimens of the region's flora and fauna.

17 febrero
February

San Martín de los Andes
(Neuquén)

Fundada en 1898 junto al lago Lácar en la provincia de Neuquén, San Martín de los Andes congrega en invierno a numerosos esquiadores que disfrutan de las pistas de Cerro Chapelco, la gastronomía local, la belleza del paisaje y la típica arquitectura de montaña.

San Martín de los Andes
(Neuquén)

Founded in 1898 by Lake Lácar in the province of Neuquén, San Martín de los Andes, in winter, attracts hundreds of skiers who enjoy the slopes of Cerro Chapelco, the local cuisine, the typical mountain architecture and the beauty of the landscape.

San Telmo
(Ciudad de Buenos Aires)

Este barrio es uno de los más nobles y representativos de Buenos Aires, con sus calles de adoquines, casas bajas, y construcciones de los siglos XVIII, XIX y XX. Edificios históricos, un mercado de pulgas e innumerables tiendas de anticuarios agregan atractivo al barrio.

San Telmo
(Buenos Aires City)

Cobble-stoned streets, low houses and buildings from the 18th, 19th and 20th century mark this most representative and noble neighbourhood in Buenos Aires. Historic buildings, a flea-market and innumerable antique shops add charm to this area.

16 **febrero**
February

Lagarto overo

Este reptil de lengua bífida, que en la Argentina se denomina vulgarmente “iguana”, llega a medir 1,50 m de longitud. Es omnívoro, de andar lento y tiene fama de muy astuto. Habita el este del país, desde Misiones hasta la región pampeana.

Giant Tegu

This forked-tongue reptile, which in Argentina is commonly called an “iguana”, can reach 1.50 m in length. It is omnivorous, slow-moving and has the reputation of being very clever. It lives in the East of the country, from Misiones down to the Pampean region.

15 **noviembre**
November

Orca

La aleta dorsal de las orcas surge del mar como una amenaza. La forma de estas aletas, de cerca de 2 metros, y la mancha grisácea que se encuentra detrás de ellas son únicas en cada ejemplar y permiten su identificación con fines científicos.

Orca

The dorsal fin of the killer whale cuts threateningly through the water. The shape of these fins, about 2 metres in size, and the grey marking behind them are unique to each specimen and enable scientists to identify and track them.

16 **noviembre**
November

Restingas de Punta Delgada
(Península de Valdés, Chubut)

Estos bancos de cantos rodados, cuando baja la marea, pueden ser recorridos a pie. En las piletas que se forman, donde las aves celebran un festín, pueden verse cangrejos, estrellas de mar, anémonas, mejillones y pequeños cardúmenes de peces.

Punta Delgada Shoals
(Península de Valdés, Chubut)

These pebble beds may be covered on foot when the tide is out. Crabs, starfish, anemones, mussels and hundreds of tiny fish can be seen in the pools of remaining sea-water, providing the sea-birds with a banquet.

Embalse, dique Cabra Corral (Salta)

El dique Cabra Corral, uno de los más importantes del país, está ubicado a unos 80 km de la ciudad de Salta. Sobre la costa del embalse de 115 km² se han construido bellas residencias con acceso al espejo de agua.

Cabra Corral Dam (Salta)

The Cabra Corral dam, one of the greatest in the country, was built some 80 km from the city of Salta. On the coast of the 115 sq km dam, many beautiful homes have been built, giving right on to the expanse of water.

14 febrero
February

El Rey Mago (La Rioja)

La sombra de El Rey Mago se proyecta en el Parque Nacional Talampaya, donde los yacimientos fósiles del pérmico y del triásico, y los petroglifos de culturas precolombinas suman sus misterios al rico biosistema de la región.

El Rey Mago (La Rioja)

"The Wise Man" projects its shadow in the Talampaya National Park, where the fossil beds from the Permic and Triassic era and the petroglyphs from pre-Columbian cultures add their mysteries to the rich biosystem of the region.

noviembre
November
17

Piatnizkysaurus floresi

Este carnívoro bípedo de 5 metros de largo habitó la región hace 160 millones de años y su designación hace referencia a dos geólogos (Piatnizky y Flores). Estos restos fueron hallados en Cerro Cóndor, provincia de Chubut, en 1977. Se exhibe en el Museo Paleontológico "Egidio Feruglio" de Trelew.

Piatnizkysaurus floresi

This 5 m-long, two-legged carnivore inhabited the region 160 million years ago and it is named after geologists Piatnizky and Flores. These remains were discovered on Cerro Cóndor, in the province of Chubut, in 1977. Is exhibited in the "Egidio Feruglio" Museum of Paleontology in Trelew.

13 **febrero**
February

Lago Puelo (Chubut)

Rodeado por las cumbres eternamente blancas del Cerro Tres Picos, el Cerro Currumahuida y el cordón del Motoco, el lago Puelo permite la práctica del buceo. La relativamente baja altitud del lago es la causa de la benigna temperatura de sus aguas.

Lago Puelo (Chubut)

Surrounded by the eternally snowy peaks of the Tres Picos Mount, the Currumahuida Mount and the Motoco range, Lake Puelo offers diving possibilities. The benign temperature of the water is due to the relatively low altitude of the lake.

18 noviembre
November

Lago Verde (Chubut)

En el Parque Nacional Los Alerces, este calmo y pequeño lago de aguas verde esmeralda, unido al lago Futalaufquen por el río Arrayanes, presenta en su ladera norte bosques de coihues, que alcanzan los 30 m de altura.

Lago Verde (Chubut)

In Los Alerces National Park, this small calm lake of emerald water, joined to Lake Futalaufquen by the Arrayanes river, is covered on its north bank by forests of evergreen "coihues", which grow to up to 30 m high.

febrero
February
12

Homenaje a Piazzolla

Astor Piazzolla (1921-1992) escandalizó a los amantes de la música "culta" cuando, en 1953, incluyó dos bandoneones en una orquesta sinfónica. Sin embargo, muchos años después, los bandoneones fueron las estrellas en el homenaje póstumo que se le realizaría precisamente en el Teatro Colón.

Piazzolla´s victory

Astor Piazzolla (1921-1992) scandalized lovers of classical music when, in 1953, he included two bandonions in a symphony orchestra. Yet, many years later, the "bandoneones" starred in the posthumous homage rendered to him in the Colón Theatre itself.

19 noviembre
November

11 **febrero**
February

Cerro Siete Colores (Jujuy)

El cerro Siete Colores se alza como una llamarada detrás de la antigua iglesia de Purmamarca, construida en adobe a mediados del siglo XVII, como muchas de las viviendas de esa pequeña población, que fue antiguamente una parada en el Camino del Inca.

Cerro Siete Colores (Jujuy)

The "Hill of Seven Colours" rises like a flame behind the ancient church of Purmamarca, built of adobe in the mid-17th century, as were many of the houses in that small town which formerly was a stop along the Road of the Inca.

Choique

El choique o ñandú enano, hoy una especie vulnerable, ha proporcionado alimento, adorno, con sus huesos se hacían instrumentos musicales, el cuero se utilizaba para hacer alforjas y hasta la cáscara de sus huevos se empleaba como medicina.

Choique

The choique, or dwarf emu, a vulnerable species nowadays, supplied natives and settlers with food and ornament; its bones became musical instruments, its hide was used for saddle-bags, and even its eggshells were used to make medicines.

noviembre
November
20

En paz en La Paz
(Entre Ríos)

Un viejo bote descansa en las cercanías de La Paz, uno de los centros turísticos de la provincia de Entre Ríos más apreciado por los amantes de la naturaleza, los deportes náuticos, la observación de aves, la caza y la pesca de dorados y surubíes.

At peace in La Paz
(Entre Ríos)

An old boat rests near La Paz, one of the tourist centers of the province of Entre Ríos which is most appreciated by nature-lovers for bird-watching, water sports, shooting and fishing for catfish and dorado.

10 **febrero** *February*

Finca tabacalera

Las fincas tabacaleras de Salta son grandes productoras de tabaco Virginia, que debe ser secado en estufas en un proceso que lleva alrededor de 7 días. Algunos de estos establecimientos tienen, además, interés histórico y están abiertos al turismo.

Tobacco Farm

The tobacco farms in Salta are great producers of Virginia tobacco which must be flue-cured, a process which takes up to seven days. Several of these establishments have significant historical appeal and are open to visitors.

21 **noviembre**
November

Cerro Torre (Santa Cruz)

La silueta en forma de aguja de este cerro de 3.108 metros, con sus paredes verticales de granito y hielo, es un desafío mayor para los escaladores. Los vientos de más de 100 km por hora que suelen azotarlo añaden serias dificultades a la empresa.

Cerro Torre (Santa Cruz)

The needle-shaped silhouette of this 3,108 m high mountain, with its vertical walls of granite and ice, is a major challenge for climbers. Winds gusting at over 100 km per hour add serious difficulties to the enterprise.

22 **noviembre**
November

Cerro Catedral (Río Negro)

Este cerro, cuya base se encuentra a 1.000 metros sobre el nivel del mar y cuya cumbre más alta alcanza los 2.388 metros sobre el nivel del mar, debe su nombre a la forma de sus varios picos, que semejan las agujas de una catedral gótica.

Cerro Catedral (Río Negro)

The foot of the Cerro Catedral is at 1,000 metres above sea level and its highest peak reaches 2,388 metres above sea level; it owes its name to the shape of its various peaks which resemble the spires of a Gothic cathedral.

8 febrero
February

Comodoro Rivadavia (Chubut)

La ciudad de Comodoro Rivadavia, en la provincia de Chubut, recibió durante el siglo XX el aporte migratorio interno y de españoles, portugueses, polacos, chilenos, galeses, e incluso de colonos sudafricanos que llegaron al país luego de la Guerra de los Boers.

Comodoro Rivadavia (Chubut)

During the 20th century, the city of Comodoro Rivadavia, in the province of Chubut, was the destination of choice of not only internal migration but also Spanish, Portuguese, Polish, Chilean and Welsh immigrants, as well as South African settlers who arrived in the country after the Boer War.

Bailes folclóricos

En los centros tradicionalistas de todo el país, son frecuentes los encuentros donde jóvenes y adultos se lucen en el baile con sus mejores atuendos típicos. En estas celebraciones, son infaltables el asado, el mate y las competencias ecuestres.

Typical dances

At traditionalist centres all over the country, young and old, dressed in their best typical costumes, often meet at local dances. These occasions are never complete without generous barbecues, "mate" and riding competitions.

noviembre *November* **23**

Mercado Central del Abasto

Por su cercanía con el centro de Buenos Aires, su ubicación resultaba estratégica para el abastecimiento de la ciudad. Este mercado, que formó parte del paisaje cotidiano de Carlos Gardel, cerró sus puertas en 1984. Catorce años después se inauguró este moderno centro comercial que conserva sus antiguas fachadas.

“El Abasto” Central Market

Being so close to downtown Buenos Aires, the market's location was ideal for supplying the city with provisions. Part of Carlos Gardel's daily landscape, the market closed its doors in 1984. It was revamped 14 years later into a shopping center, preserving its original façades.

7 **febrero** *February*

Teatro Cervantes
(Ciudad de Buenos Aires)

Por iniciativa de María Guerrero y Fernando Díaz de Mendoza, dos grandes figuras de la escena mundial que habían visitado la ciudad, los arquitectos Aranda y Reppeto reprodujeron la fachada de la Universidad de Alcalá de Henares en este teatro inaugurado en 1921.

Cervantes Theater
(Buenos Aires City)

Thanks to the initiative of María Guerrero and Fernando Díaz de Mendoza, two great figures of world theater who had visited the city, the architects Aranda and Reppeto reproduced the façade of the Spanish University of Alcalá de Henares for this theater which was inaugurated in 1921.

24 **noviembre**
November

Snowboard (Río Negro)

Cerro Catedral es el centro de deportes de invierno más importante de Sudamérica y sede de competencias internacionales para profesionales y aficionados. Además de esquí, puede practicarse snowboard en un snowboard park especialmente diseñado para ese deporte.

Snowboard (Río Negro)

Cerro Catedral is the most important winter sports centre in South America and the chosen site for professional and amateur international competitions. As well as skiing, snowboarding may be practised in a park specifically designed for this sport.

25 **noviembre**
November

El Calafate (Santa Cruz)

Desde la superficie helada del lago Argentino, siempre que las condiciones climáticas lo permitan, parten excursiones en globo aerostático. También tienen lugar allí encuentros internacionales de navegación en globo, algunos de ellos nocturnos, denominados "Noches Incandescentes".

El Calafate (Santa Cruz)

Whenever the weather permits, hot-air balloon tours take off from the frozen surface of Lake Argentino. International hot-air balloon meetings also take place there, sometimes at night; these are called "Night Glow".

Canal de Beagle (Tierra del Fuego)

Este canal limita al sur la isla de Tierra del Fuego y lleva el nombre del buque que el capitán Robert FitzRoy navegó por sus aguas en 1831, llevando a bordo a Charles Darwin y a un aborigen yámana que había pasado dos años "educándose" en Inglaterra.

Beagle Channel (Tierra del Fuego)

To the south, this channel limits the island of Tierra del Fuego and is named after the ship that Captain Robert FitzRoy sailed through its waters in 1831; among its passengers were Charles Darwin and a Yámana indian who had spent two years being "educated" in England.

5 febrero
February

Elefantes marinos

Los elefantes marinos son de color gris claro y los machos adultos, que llegan a pesar 3.000 kilos y a medir 5 metros de largo, presentan una característica trompa (*proboscis*). Las hembras adultas pueden bucear hasta dos horas sin salir a respirar a la superficie.

Elephant Seals

These seals are light grey and the adult males, which can measure 5 metres in length and weigh 3,000 kilos, display a characteristic snout (proboscis). Adult females can dive for up to two hours without surfacing for air.

noviembre *November* **26**

Monumento a la Bandera
(Rosario, Santa Fe)

Obra del arquitecto e ingeniero Ángel Guido e inaugurado el 20 de junio de 1957, este monumento construido en mármol travertino sobre un área de 10.000 m², señala el sitio donde la Bandera Nacional fue izada por primera vez, por orden del General Belgrano.

Monumento a la Bandera
(Rosario, Santa Fe)

Work of the architect and engineer Angel Guido and inaugurated June 20th, 1957, this monument, built in Travertine marble on a 10,000 sq m site, marks the place where the National Flag was raised for the first time, by order of General Belgrano.

4 febrero
February

Garganta del Diablo (Misiones)

En la confluencia de los ríos Iguazú y Paraná, una falla geológica producida hace 200.000 años dio nacimiento a una cortina de agua en forma de herradura, de 80 metros de altura y 150 metros de extensión, que se impone entre otros cientos de cascadas.

Devil's Gorge (Misiones)

Where the Iguazú and Paraná rivers meet, a geological fault produced 200,000 years ago gave birth to a horse-shoe-shaped curtain of water, 80 metres high and 150 metres long, which stands out among hundreds of other waterfalls.

27 noviembre
November

Tren a las Nubes (Salta)

El ingeniero Richard F. Maury fue el encargado de concebir esta línea ferroviaria aún activa, que se tiende hasta los 4.200 m.s.n.m. Las obras a punta de pico, pala y explosivos, comenzaron en 1921 y demoraron más de dos décadas en concluirse.

"Train to the Clouds" (Salta)

Engineer Richard F. Maury was to design this railway line, at present still active, which was built up to 4,200 metres above sea level. The works began in 1921 and with the use of pick, shovel and explosives, took over two decades to be finished.

28 **noviembre**
November

Cueva de las Manos (Santa Cruz)

Hace miles de años, con hematita, caliza, carbón vegetal, manganeso y grasa de guanaco, los pueblos cazadores y recolectores que habitaban el noroeste de la provincia de Santa Cruz dejaron su marca en las paredes y aleros del cañadón del río Pinturas.

Cueva de las Manos (Santa Cruz)

Thousands of years ago, using hematite, chalk, vegetable charcoal, manganese and guanaco fat, the hunter and sower tribes which inhabited the northwest of the province of Santa Cruz left their mark on the walls and overhangs of the Pinturas river canyon.

Danzas folclóricas

En las danzas folclóricas de la región pampeana, el coqueteo de las damas y la actitud galante de sus compañeros de baile añaden su pizca de picardía, aun en aquellas piezas musicales algo melancólicas.

Folk dances

In the Pampas folk dances, the ladies flirt and their escorts are gallant: this adds a piquant sauciness to the dance, even to those musical pieces that are somewhat melancholic.

Álamos piramidales

En Mendoza, como en muchas otras regiones del país, los álamos piramidales constituyen una eficaz barrera contra el viento. Estos álamos, de crecimiento rápido en forma de columna, presentan en otoño un atractivo follaje dorado.

Pyramidal Poplars

In Mendoza, as in many other regions of the country, pyramidal poplars make an efficient windbreak. The foliage of these fastgrowing column-shaped poplars turns an eye-catching gold in autumn.

noviembre
November
29

Teatro Colón
(Ciudad de Buenos Aires)

Obra de los arquitectos Francisco Tamburini, Víctor Meano y Jules Dormal, sucesivamente, su construcción se inició en 1889. Fue inaugurado el 25 de mayo de 1908 con la ópera "Aída" de Verdi y es considerado uno de los cuatro mejores teatros líricos del mundo.

Colón Theater (Buenos Aires City)

The construction of the Colón Theater began in 1889, the work of three architects: Francisco Tamburini, followed by Víctor Meano and then Jules Dormal. It was inaugurated on May 25th, 1908, with a performance of Verdi´s "Aída", and it is considered one of the four finest opera-houses in the world.

1 febrero
February

La Cancha de Bochas (San Juán)

Así se denomina este extraño conjunto de rocas esféricas esparcidas sobre la planicie en el Parque Provincial Ischigualasto, ubicado en el noreste de la provincia de San Juan y declarado Patrimonio Natural de la Humanidad.

La Cancha de Bochas (San Juán)

"The Bowling Court" is a strange group of spherical rocks scattered over the plain in the Ischigualasto Provincial Park, located in the northwest of the province of San Juan and declared Natural Heritage of Humanity.

30 **noviembre**
November

Navegación en Iguazú (Misiones)

Las cataratas del Iguazú, que han sido declaradas Patrimonio Natural de la Humanidad, no sólo pueden recorrerse a pie. La experiencia de navegar contra la potente correntada y aproximarse a metros de la caída de varios de sus saltos es fascinante.

Boating in Iguazú (Misiones)

The Iguazú waterfalls, declared Natural Heritage of Humanity, can be toured not only on foot but by boat. The experience of sailing against the powerful current to only metres from several of the falls themselves is unique.

Estancia Harberton

Establecida en 1887 por el misionero evangelista Thomas Bridges en un istmo de gran belleza bañado por las aguas del Canal de Beagle, su casco conserva la estructura original y el jardín reúne especies de la flora fueguina.

"Harberton" Ranch

Evangelist missionary Thomas Bridges built "Harberton" in 1887 on an isthmus of great beauty by the waters of the Beagle Channel; the main house maintains its original structure and the garden displays species of Fuegan flora.

1 diciembre
December

30 **enero**
January

La Boca (Ciudad de Buenos Aires)

A metros de la colorida "Caminito", el Riachuelo marca el límite de la Ciudad de Buenos Aires. El Puente Nicolás Avellaneda, en segundo plano, y la estructura del viejo Puente Trasbordador, en primer plano, enmarcan uno de los paisajes más característicos de La Boca.

La Boca (Buenos Aires City)

Metres away from colourful "Caminito", the Riachuelo marks Buenos Aires' city limit. The "Nicolás Avellaneda" bridge in the background and the skeleton of the old footbridge to the fore, frame one of the most typical scenes of La Boca.

Estribo

El estribo es la pieza sobre la que el jinete apoya el pie. Va colgado de la montura mediante la estribera. Hay estribos de distintos tipos, dependiendo de la época y la región donde se fabriquen. Pueden estar hechos en metal, madera o cuero crudo.

Stirrups

The rider places his feet in the stirrups which hang from the saddle on the stirrup strap. There are different types of stirrups, depending on when and where they have been made and may be metal, wood or rawhide.

diciembre
December
2

“Viejo Expreso Patagónico”

Así llamó Paul Theroux a este singular ferrocarril que los argentinos apodaron afectuosamente “La Trochita”. Para alegría de muchos, con sus locomotoras a vapor de 1922, ha vuelto a recorrer 402,3 km de su trayecto original sobre trocha de 0,75 m.

Old Patagonian Express

Author Paul Theroux gave this name to the singular railway train that Argentines affectionately call “La Trochita”. To the delight of many, this train, with its steam engines from 1922, is again travelling 402.3 km of its original itinerary on its 0.75 m gauge rails.

29 enero
January

Fragata Presidente Sarmiento

Construida en Gran Bretaña y botada en 1897, realizó numerosos viajes como Buque Escuela de la Armada Argentina entre 1899 y 1939. Presente en la coronación de varios monarcas europeos y en la inauguración del Canal de Panamá, fue declarada Buque Museo en 1961.

"Presidente Sarmiento" Frigate

This ship was built in Great Britain and launched in 1897. It made many voyages as a training ship for the Argentine Navy between 1899 and 1939. It saluted the coronation of several European monarchs and was present at the inauguration of the Panama Canal. In 1961, it was declared a Museum Ship.

3 **diciembre**
December

Cueva de las Manos (Santa Cruz)

Protegido en el interior de una cueva de 24 metros de largo, este testimonio de culturas precolombinas creado con pigmentos naturales como hematita, limonita, manganeso y carbón vegetal sobre una superficie de alrededor de 60 metros ha sobrevivido miles de años.

Cueva de las Manos (Santa Cruz)

Protected within a 24-metre-long cave, this creation of pre-Columbian cultures, produced with natural pigments such as hematite, lemonite, manganese and vegetable charcoal over a surface of approximately 60 metres, has survived thousands of years.

4 **diciembre** *December*

Antártida

Este peculiar continente de casi 14 millones de km², donde el hielo llega a tener 2.500 m de espesor, es el mayor reservorio de agua dulce del mundo. El Sector Antártico Argentino se ubica entre los meridianos 25° y 74° oeste y el paralelo 60° de latitud sur.

Antarctica

This singular continent almost 14 million sq km in size, where the ice may be 2,500 m thick, is the largest reservoir of sweet water in the world. The Argentine Antarctic Sector lies between the 25° and 74° West meridians and the 60° parallel, southern latitude.

Delfines oscuros

En Golfo Nuevo, provincia de Chubut, grupos de hasta 20 ejemplares de delfines oscuros agitan las aguas con sus espectaculares saltos y sus rápidos desplazamientos para deleite de los miles de observadores que visitan anualmente la región.

Dusky Dolphins

In Golfo Nuevo, Chubut, groups of up to 20 dusky dolphins play in the choppy waters where their spectacular leaps and swift movements entertain thousands of watchers who annually visit the region.

27 **enero**
January

Martineta

Natural de Sudamérica, habita casi todo el territorio argentino. Se desplaza caminando en grupos de 3 a 12 ejemplares y sólo vuela en situación de peligro. Por temporada, la hembra pone hasta 14 huevos en los nidos de 7 u 8 machos encargados de empollarlos.

Elegant Crested Tinamou

Native to South America, it inhabits almost all the Argentine territory. It walks around in groups of 3 to 12 individuals and only takes flight whenin danger. Every season, the female lays up to 14 eggs in the nests of 7 or 8 males which hatch them.

diciembre
December
5

Bosque de lengas
(Península Onelli, Santa Cruz)

La lenga es un árbol autóctono que forma bosques casi puros. Alcanza de 16 a 20 metros de altura y demora de 70 a 100 años en llegar a adulto. Algunos ejemplares superan los 300 años. Sus pequeñas hojas verdes adquieren, en otoño, un color rojo muy intenso.

Lenga forest
(Onelli Peninsula, Santa Cruz)

The lenga is an autoctonous tree which grows in almost pure forests, to 16-20 m in height and takes 70-100 years to reach maturity. Some of these trees live over 300 years. In autumn, its small green leaves turn an intense red.

26 **enero** *January*

Villa Cerro Catedral (Río Negro)

Ubicada al pie del cerro Catedral, cuenta con infraestructura de primer nivel internacional, que incluye 27 medios de elevación, *snowboard park*, sitios de alojamiento, escuelas de esquí, refugios, oficina de correos, restaurantes y confiterías.

Villa Cerro Catedral (Río Negro)

At the foot of the Catedral hill, this complex offers first-rate international infrastructure, including 27 ski-lifts, a snowboard park, accomodation, ski schools, shelters, postal services, restaurants and coffee shops.

6 **diciembre**
December

Alfarería de Cafayate

Las tierras de la región, el agua y el fuego se combinan para dar forma a las características cerámicas de Cafayate, en la provincia de Salta. Si bien algunos artesanos experimentan con nuevos diseños, la mayoría de las piezas conservan los formatos y motivos decorativos ancestrales.

Pottery from Cafayate

Local earth, water and fire combine to give shape to these typical pottery artifacts from Cafayate, in the province of Salta. Although some artisans may experiment with new patterns, the majority of the pieces retain ancestral decorative shapes and designs.

Valle Pintado (Ischigualasto, San Juan)

En el centro de esta área, cuyo nombre en quechua significa “sitio donde se posa la luna”, el Valle Pintado (220 millones de años de antigüedad) exhibe los colores ocre y violeta de cenizas volcánicas endurecidas llamadas toba.

Valle Pintado (Ischigualasto, San Juan)

In Quechua this area is called “place where the moon settled” and at its centre, the “Painted Valley” (220 million years old) displays the ochre and purple of hardened volcanic ashes, called tuff.

7 **diciembre**
December

Lago Puelo (Chubut)

Dentro del Parque Nacional de 23.000 hectáreas que lleva su nombre, este lago de aguas verde azuladas de origen glacial, poblado de truchas arco iris, truchas marrones y salmones, es uno de los sitios preferidos para la práctica de la pesca con mosca.

Lago Puelo (Chubut)

In the 23,000-hectare National Park which bears its name, this lake of green and blue glacial waters is home to rainbow and brown trout and salmon, and is a favorite spot for fly-fishing.

24 enero
January

Hotel Llao Llao
(Bariloche, Río Negro)

En el Parque Nacional Nahuel Huapi, creado en 1934 sobre 705.000 hectáreas donadas en 1903 por el Perito Francisco P. Moreno, esta obra del arquitecto Alejandro Bustillo debe su nombre a un hongo muy común en la zona.

Llao Llao Hotel
(Bariloche, Río Negro)

In the Nahuel Huapi National Park, created in 1934, covering 705,000 ha donated by Francisco P. Moreno in 1903, architect Alejandro Bustillo's work takes its name from a mushroom commonly found in the area.

Pingüino Magallanes

El pingüino Magallanes adulto tiene plumaje negro con vientre blanco y dos bandas negras en la garganta. Nace con un plumón color pardo y al cabo de unos meses empieza a mostrar el collar que lo caracteriza.

Magellan Penguin

The adult Magellan penguin displays black feathers, a white belly and two black bands on its throat. It is born with greyish-brown downy feathers and after a few months, begins to grow its characteristic collar.

23 **enero** *January*

Puerto Madero
(Ciudad de Buenos Aires)

El nuevo escenario urbano de Buenos Aires incluye oficinas, hoteles, lofts, y centros culturales, comerciales y recreativos. Cerca del Casino, se encuentra una singular disco con una espléndida terraza sobre el dique, que nos recuerda la Ópera de Sydney.

Puerto Madero
(Ciudad de Buenos Aires)

Buenos Aires' new urban landscape includes offices, hotels, lofts and business, cultural and entertainment centres. Near the Casino, an unusual discotheque with a wonderful deck giving onto the river reminds us of Sydney's Opera House.

9 **diciembre**
December

Obelisco, Plaza de la República
(Ciudad de Buenos Aires)

En Buenos Aires, donde se cruzan las avenidas Corrientes, Diagonal Norte y 9 de Julio, se alzan los 67 metros del Obelisco, diseñado por el arquitecto Alberto Prebisch y construido en 1936 en conmemoración del cuarto centenario de la Primera Fundación de la ciudad.

Obelisco, Plaza de la República
(Buenos Aires City)

Downtown, where the Corrientes, Diagonal Norte and 9 de Julio avenues meet, this obelisk rises 67 m into the sky; designed by architect Alberto Prebisch, it was built in 1936 to commemorate the 400th anniversary of the first founding of Buenos Aires.

Ballena franca austral (Chubut)

Entre octubre y noviembre, Puerto Pirámides es un escenario ideal para avistar a estas criaturas lentas y curiosas, que llegan a pesar 40 toneladas y suelen rozar las embarcaciones para asombro de los turistas.

Southern Right Whale (Chubut)

During October and November, Puerto Pirámides is the perfect spot from which to watch these slow-moving, curious creatures which can weigh up to 40 tons and often brush up against boats, much to the tourists' delight and amazement.

10 **diciembre**
December

Tafí del Valle (Tucumán)

En medio de la Selva Tucumana, rodeada por la cadena del Aconquija, este antiguo asentamiento de la cultura Tafí es el principal centro turístico de la provincia. Está ubicada a unos 1.900 metros sobre el nivel del mar y su buen clima permite disfrutar de su belleza todo el año.

Tafí del Valle (Tucumán)

In the midst of the so-called "Selva Tucumana", surrounded by the Aconquija range, this ancient settlement of Tafí culture is the principal centre for tourism in the province. It is located at some 1,900 metres above sea level and its lovely weather allows for visits all year round.

21 **enero** *January*

Apero (Salta)

Junto a los recados de lana de oveja, cuelgan cinchas, riendas y otras prendas del apero salteño. El labrado del cuero es una de las características de la talabartería de esta provincia del norte argentino.

Riding kit (Salta)

Together with the sheepskin saddle-pads, bridles hang alongside reins and other riding-gear. Tooled leather is characteristic in this province of Northern Argentina.

El Hongo
(Ischigualasto, San Juan)

Así se denomina esta formación del Valle de la Luna, una gran depresión desértica donde afloran sedimentos del Triásico. Millones de años de erosión eólica conformaron el actual paisaje de este riquísimo yacimiento paleontológico.

El Hongo
(Ischigualasto, San Juan)

This is the name of this rock formation in the "Valley of the Moon", a great desert depression revealing sediments of the Triassic age. Millions of years of wind erosion have shaped today's landscape of this rich paleontological deposit.

20 **enero**
January

Arroyo serrano

Camino a Los Gigantes, a 90 km de la ciudad de Córdoba, este arroyo anima el paisaje. Los Gigantes -uno de los últimos refugios de cóndores que existen en el mundo- es un basamento cristalino de una sola pieza, de origen precámbrico, que alcanza 2.400 m.s.n.m.

A stream in the hills

On the way to Los Gigantes, 90 km from Córdoba city, this stream decorates the landscape. Los Gigantes -one of the last refuges in the world for condors- is a solid mass of Pre-Cambrian crystalline rock which reaches a height of 2,400 metres above sea level.

12 diciembre
December

Gaucho correntino

Cualquier momento es bueno para hacer un alto en las duras tareas rurales y tomar mate. Este gaucho correntino, con sus típicas bombachas rayadas, disfruta del placer que le brinda la infusión de *Ilex paraguariensis*, uno de los cultivos principales de su provincia.

Gaucho from Corrientes

Any time is a good time to take a break from hard work on the farm and have a "mate". This gaucho from Corrientes, wearing his typical striped "bombachas", enjoys the refreshment brought him by the tea made from "Ilex paraguariensis", one of the main crops grown in the province.

enero
January
19

Vendimia (Mendoza)

En Mendoza se encuentra alrededor del 70% de los viñedos finos de la Argentina. Anualmente, la recolección de los frutos es objeto de una tradicional celebración: la Fiesta Nacional de la Vendimia, con festejos populares que concluyen la primera semana de marzo.

Grape harvest (Mendoza)

70% of Argentina's finest vineyards are found in Mendoza. Every year, the grape harvest is celebrated in a traditional "Fiesta", with local popular festivities which end the first week of March.

13 **diciembre**
December

Bodega de Cafayate (Salta)

La Bodega Michel Torino en Cafayate, provincia de Salta, es una de las notables productoras de vino torrontés. La Argentina se destaca mundialmente por sus vinos de esta variedad, caracterizados por aroma a rosas, duraznos blancos, cáscara de naranja, y un equilibrio entre acidez y sabores frutales.

Cafayate Winery (Salta)

The Michel Torino winery in Cafayate, province of Salta, is an outstanding producer of "Torrontés" wine. Argentina is renowned throughout the world for its wines of this variety, noted for their unique fragrance of roses, white peaches, orange rind and a delicate balance of acidity and fruity flavours.

18 **enero**
January

Floralis generica
(Ciudad de Buenos Aires)

En la Plaza de las Naciones, esta "obra ambiental" del arquitecto Eduardo Catalano, construida en acero, abre y cierra sus pétalos de 13 metros de largo gracias a un sistema lógico activado por las variaciones de la luz ambiente.

Floralis generica
(Buenos Aires City)

Architect Eduardo Catalano's "environmental" steel flower is located at Plaza de las Naciones. It encloses a logic system activated by variations in daylight, which opens and closes the 13-metre-long petals.

Río de las Vueltas (Santa Cruz)

El cerro Fitz Roy contempla desde lo alto el curso de este río que nace en el límite con Chile y desagua en el lago Viedma. El río sirve como colector de numerosos arroyos y ríos de montaña que vuelcan en él sus turbulentas y cristalinas aguas de deshielo.

Río de las Vueltas (Santa Cruz)

Mount Fitz Roy looks down upon the course of this river which originates in the boundary with Chile and flows into Lake Viedma. Innumerable mountain streams and rivers pour their turbulent and crystalline snow-melt waters into the lake, which acts as a reservoir.

17 **enero**
January

San Isidro Labrador

El 15 de mayo se celebra en muchas localidades del noroeste argentino la Fiesta de San Isidro Labrador, manifestación de sincretismo entre el culto católico y los antiguos cultos andinos, ligados éstos últimos a la fecundidad de la tierra y los animales.

San Isidro Labrador

In the Argentine Northwest, on May 15th, the "fiesta" of San Isidro Labrador is celebrated; it is a display of syncretism between the Catholic religion and the ancient beliefs of the Andes, these last firmly rooted in the fertility of the earth and animals.

15 diciembre
December

Bosque petrificado (Santa Cruz)

Hace 150 millones de años, una densa capa de ceniza volcánica cubrió los bosques de coníferas que crecían en la entonces húmeda meseta patagónica. Restos de esos bosques, que las sales minerales “petrificaron”, pueden verse en su emplazamiento original.

Fossil forest (Santa Cruz)

150 million years ago, a thick layer of volcanic ash covered the pine forests which grew on the humid Patagonian table-land, as it was then. The remains of those forests, fossilized by mineral salts, can be seen in their original sites.

enero
January
16

Ecocentro (Puerto Madryn, Chubut)

Dedicado al ecosistema marino ubicado frente al mar, el Ecocentro es un centro educativo y de investigación que ofrece al público charlas informativas sobre distintos aspectos de la fauna y flora marinas y la preservación del ecosistema.

Ecocentre (Puerto Madryn, Chubut)

Dedicated to the marine ecosystem and located facing the sea, the "Ecocentre" is an educational and research venture which offers informative lectures to the public on different aspects of marine flora and fauna and conservation of the ecosystem.

16 diciembre
December

15 **enero** *January*

Puente Alsina (Pompeya, Buenos Aires)

Cuatro puentes precedieron al actual, construido en 1938 en estilo neocolonial, y aunque su nombre es hoy Puente Teniente General José Félix Uriburu, todos siguen llamándolo "Puente Alsina". En los edificios del puente funcionaron baños públicos y un salón de peluquería, hoy restaurado como museo.

Puente Alsina (Pompeya, Buenos Aires)

Four bridges preceded the current bridge, built in 1938 in a neocolonial style and although its name is now "Teniente Gral. José Félix Uriburu", it is still known as "Puente Alsina". In the bridge buildings, there is a small museum which houses public baths and a hairdresser's establishment that used to operate there.

Café Tortoni
(Ciudad de Buenos Aires)

El actual Café Tortoni, en la Avenida de Mayo, fue diseñado por Alejandro Christophersen y abrió sus puertas en 1894. Desde entonces ha sido lugar de encuentro de poetas, músicos y artistas plásticos locales y extranjeros, cuyas obras decoran sus añejos muros.

Café Tortoni
(Buenos Aires City)

Today's Café Tortoni on Avenida de Mayo was designed by Alejandro Christophersen and opened its doors in 1894. Since then, it has been a classic meeting-place for local and foreign poets, musicians and artists, whose art decorates the old walls.

diciembre **17**
December

Carancho

Esta ave sedentaria es natural de Sudamérica. De Brasil y Perú a Tierra del Fuego, se la puede hallar incluso a 2.500 metros sobre el nivel del mar. Se alimenta principalmente de carroña y suele utilizar el mismo nido, que puede medir hasta 1 m de diámetro.

Southern Caracara

This sedentary bird is native to South America. It makes its home from Brazil and Perú, down to Tierra del Fuego, even at 2,500 metres above sea level. A carrion bird, it usually uses the same nest -often up to 1 metre in diameter- time and again.

14 **enero** *January*

Puerto Pañuelo (Río Negro)

Este puerto artificial ubicado a unos 25 km de la ciudad de Bariloche es punto de partida de las excursiones lacustres a Puerto Quetrihué, Puerto Blest, Isla Victoria y los lagos andinos.

Puerto Pañuelo (Río Negro)

This artificial port, some 25 km from the city of Bariloche is the departure point for the boat tours to Puerto Quetrihué, Puerto Blest, Isla Victoria and the Andean lakes.

18 diciembre
December

Nogales
(Sañogasta, La Rioja)

Extraviado junto al camino o integrando grandes cultivos, el nogal es inseparable del paisaje de Sañogasta. Esta localidad de la provincia de La Rioja es sede de la Fiesta Provincial del Nogal, que se celebra a fines del verano.

Walnut Trees
(Sañogasta, La Rioja)

Solitary by the wayside or in large plantations, the walnut tree is ever present in the Sañogasta landscape. This area of the province of La Rioja hosts the Provincial Walnut "Fiesta", which is celebrated towards the end of summer.

Estancia San Lorenzo

La estancia “San Lorenzo” está ubicada sobre el golfo San Matías. Con sus 5.100 hectáreas dedicadas básicamente a la cría de ovinos y sus extensas playas, es un sitio ideal para los amantes del agroturismo y el turismo ecológico.

“San Lorenzo” Ranch

The “San Lorenzo” ranch stands by the San Matías gulf. It covers 5,100 hectares dedicated mainly to sheep-breeding, and its long beaches are ideal for enthusiasts of ecological tourism and agrotourism.

19 **diciembre**
December

12 **enero** *January*

Lagos Moreno y Nahuel Huapi
(Bariloche, Río Negro)

Centenarios bosques de cipreses, álamos, lengas, ñires y coihues enmarcan los cristalinos espejos de agua de los lagos Moreno y Nahuel Huapi. Éste último cubre 560 km² y su nombre (nahuel = tigre; huapi = isla) es de origen mapuche.

Lago Moreno and Lago Nahuel Huapi
(Bariloche, Río Negro)

Ancient forests of cypress, poplar, "lenga", "ñire" and "coihue" trees frame the sparkling waters of the Moreno and Nahuel Huapi lakes. This last covers 560 square kilometres and its name, in Mapuche, means "Tiger Island".

Jóvenes lobos marinos

Las crías de lobo marino, también llamado león marino, nacen entre fin de diciembre y fin de enero. Al nacer, pesan unos 12 kilos y tienen el pelaje de color negro. Al cabo de 1 año de alimentarse de leche materna, duplican su peso.

Young sea-lions

Sea-lion pups, also known as seals, are born between late December and late January. At birth, they weigh some 12 kilos and their fur is black. After a year of feeding on mother's milk, they have doubled their weight.

diciembre
December
20

Cabo Blanco (Santa Cruz)

En un promontorio próximo al faro de ladrillos rojos de Cabo Blanco, al norte de Puerto Deseado, un grupo de lobos marinos de dos pelos se asolea. Cabo Blanco es la principal área de apostadero y reproducción de estos mamíferos en la provincia de Santa Cruz.

Cabo Blanco (Santa Cruz)

Near the red-brick lighthouse of Cabo Blanco, north of Puerto Deseado, a group of two-haired sea-lions sun themselves on a promontory. Cabo Blanco is the main gathering area for mating of these mammals in the province of Santa Cruz.

11 **enero**
January

La Silla de Montar (San Juan)

Así se denomina esta formación natural del Parque Provincial Ischigualasto, más conocido como "Valle de la Luna", ubicado en la provincia de San Juan. Este Parque integra con el Parque Nacional Talampaya (La Rioja) una región geológica de más de 250.000 hectáreas.

La Silla de Montar (San Juan)

"The Saddle" is a natural formation in the Ischigualasto Provincial Park, better known as "Valley of the Moon", San Juan province. Ischigualasto, together with the Talampaya National Park, (La Rioja), make up a geological area which covers over 250,000 hectares.

21 **diciembre**
December

Malambo

El malambo se distingue por ser la única danza tradicional bailada exclusivamente por hombres, quienes compiten por el mayor lucimiento. El sentido del ritmo, la destreza, la agilidad y la creatividad para generar diferentes “mudanzas” se tienen en cuenta para elegir al mejor bailarín.

Malambo

The “malambo” is noted for being the one traditional dance performed exclusively by men, who compete to stand out. The sense of rhythm, the skill, agility and creativity for generating different moves, are all taken into account when choosing the best dancer.

enero
January
10

Cerro Moreno (Santa Cruz)

El cerro Moreno es un pico de 1.640 metros ubicado frente al glaciar Perito Moreno, en el Parque Nacional Los Glaciares. El cerro fue escalado en diversas oportunidades y su peculiar forma de cuerno remata la pared emergente del glaciar, de más de 60 m de altura.

Cerro Moreno (Santa Cruz)

The Moreno hill is a 1,640-metre-high peak facing the Perito Moreno glacier, in the Los Glaciares National Park. The mountain has been climbed on many occasions and its unusual horned shape crowns the emerging glacier wall, over 60 metres high.

22 diciembre
December

9 **enero** *January*

El Calafate (Santa Cruz)

El viejo camino que une El Calafate con el ventisquero Perito Moreno atraviesa la solitaria estepa patagónica entre los picos eternamente blancos de la cordillera de los Andes. De tanto en tanto, el vuelo de un cóndor corta el cielo.

El Calafate (Santa Cruz)

The old road which joins El Calafate with the Perito Moreno glacier travels the lonely Patagonian desert among the eternally snowy peaks of the Andes mountain range. Occasionally, a condor in flight knifes through the sky.

Nuestra Señora del Pilar
(Recoleta, Ciudad de Buenos Aires)

En este barrio que debe su nombre al convento de los Padres Recoletos instalado allí en el siglo XVIII, se encuentran la Iglesia de Nuestra Señora del Pilar (1732) y el Cementerio de la Recoleta (1822), famoso por sus mausoleos y monumentos funerarios.

Nuestra Señora del Pilar
(Recoleta, Buenos Aires City)

In this neighbourhood named after the convent of the Recoleto Fathers established in the 18th century, the Church of Our Lady of the Pillar (1732) and the Recoleta Cemetery (1822) can be found; this last is famous for its mausolea and funerary monuments.

diciembre 23
December

Recoleta (Ciudad de Buenos Aires)

Manuel Mujica Láinez habló de la misteriosa Buenos Aires: no hay en el mundo un sitio como éste, en el que conviven, separados por menos de 100 metros, un cementerio de próceres y una pasarela de cafés, restaurantes cinco tenedores, centros culturales y prestigiosos comercios.

Recoleta (Buenos Aires City)

Author Manuel Mujica Láinez spoke of "mysterious Buenos Aires"; less than 100 metres apart, the statesmen's Cemetery and the pavements crowded with coffee-shops, five-star restaurants, cultural centres and prestigious shops make this a place like no other in the world.

8 **enero** *January*

Anémonas

La bajamar deja al descubierto las anémonas, pólipos marinos de diversos tamaños y cabeza achatada rodeada de tentáculos que se cierran instantáneamente ante el menor roce, liberando células urticantes denominadas nematocistos. Con precaución, es posible recolectarlas para formar un acuario.

Anemones

Low tides uncover anemones, the flat-headed sea-polyps of varying sizes, surrounded by tentacles which snap instantly shut upon the slightest touch, freeing stinging cells called nematocysts. With care, they may be collected for aquaria.

24 **diciembre**
December

Faro de Punta Delgada
(Chubut)

Este faro de 14 m de altura fue inaugurado en 1905 para asistir a la navegación en las solitarias costas de la península Valdés. Las construcciones que lo acompañan y que pertenecieron a la Armada Argentina fueron recuperadas y transformadas en un hotel.

Punta Delgada Lighthouse
(Chubut)

The 14-metre-high lighthouse was inaugurated in 1905 to assist vessels sailing along the lonely coasts of the Valdés peninsula. The nearby buildings which belonged to the Argentine Navy have been refurbished and turned into a hotel.

enero 7
January

Lago Belgrano (Santa Cruz)

El lago Belgrano es el más extenso de los 8 lagos del Parque Nacional Perito Moreno, una reserva natural de difícil acceso. Manadas de guanacos, principal fuente de alimento y abrigo de los antiguos pobladores de la Patagonia, recorren los alrededores.

Lago Belgrano (Santa Cruz)

Lake Belgrano is the most extense of the 8 lakes of Perito Moreno National Park, a nature reserve of difficult access. Herds of guanaco roam the area; this animal provided meat and wool to the original inhabitants of the Patagonia.

25 diciembre
December

Tropilla de caballos salvajes

El caballo fue introducido en América por los conquistadores españoles y se fue adueñando del paisaje. Más allá de los innumerables caballos domesticados que pueblan el campo argentino, aún hoy es posible encontrar tropillas de caballos en estado salvaje en algunas regiones del país.

Wild horses

Horses were brought to America by the Spanish Conquistadors and eventually became a common part of the landscape. Apart from the innumerable domesticated horses on local farms, troops of wild horses can still be found in remote areas of the country.

6 **enero**
January

Caminito (Ciudad de Buenos Aires)

Junto al Riachuelo, La Boca es uno de los barrios más pintorescos de la ciudad, con sus viejas casas de madera y chapa, que sus propietarios, escasos de recursos, pintaban con los sobrantes de pintura que traían de los astilleros de la zona.

Caminito (Buenos Aires City)

By the Riachuelo river, La Boca is one of the most picturesque neighborhoods in the city, with its old wooden and tin houses which their owners, with little money to spare, painted with what was left in the tins brought home from the shipyards in the area.

diciembre
December
26

Cardones

El cardón, que crece entre los 2.000 y 3.500 metros sobre el nivel del mar, tiene un fruto comestible llamado pascana. La madera de esta especie, que se encuentra actualmente protegida, fue muy utilizada para construir muebles, puertas e incluso techos de viviendas.

Giant Cacti

The giant cactus, which grows at a height of between 2,000 and 3,500 metres above sea level, bears an edible fruit called "pascana". The wood of this species, protected today, was widely used for building furniture, doors and even roofs for houses.

5 **enero**
January

Glaciar Perito Moreno
(Santa Cruz)

La pared sur del glaciar Perito Moreno se despliega como un telón de fondo en la zona de inicio del *mini-trekking* sobre hielo, al pie del cerro Moreno. La caminata sobre el glaciar dura alrededor de dos horas y permite observar las peculiares formaciones de hielo.

Perito Moreno Glacier
(Santa Cruz)

The southern wall of the Perito Moreno glacier spreads across the horizon as a backdrop to the area where visitors begin their mini-trek over ice, at the foot of the Moreno hill. The hike across the glacier lasts around two hours and innumerable strange ice-forms may be seen.

27 **diciembre**
December

Quebrada de las Conchas
(Cafayate, Salta)

Esta quebrada, también conocida como Quebrada de Cafayate, es producto de la erosión de rocas cretáceas. Areniscas, arcillas y cantos rodados compactados adquieren color rojo por oxidación del hierro que abunda en la zona.

Quebrada de las Conchas
(Cafayate, Salta)

Also known as the "Quebrada de Cafayate" this gully is the product of Cretaceous rock erosion. Compacted sandstone, clay and pebbles display the red colour of abundant iron oxide in the earth.

enero
January
4

San Julián (Santa Cruz)

Los acantilados y las playas de arenas negras y cantos rodados de la bahía de San Julián bordean un mar de aguas frías y profundas. La actividad pesquera es intensa en otoño y en primavera cuando aparecen las apreciadas centollas, pulpos y calamares.

San Julián (Santa Cruz)

The cliffs, black sand and pebble beaches of the bay of San Julián border on a sea of cold, deep waters. Fishing is intense in autumn and spring, when the much-appreciated king crabs, squid and octopus swim into reach.

28 diciembre
December

Cardo

Con sus racimos de flores azules o violetas, esta perenne de tallos comestibles que alcanza los 2 m de altura prolifera en la llanura pampeana invadiendo los jardines y cultivos. La flor del cardo es un motivo ornamental muy presente en la orfebrería del Río de la Plata.

Thistle

Its blue or violet flowers blooming, this perennial can reach 2 m in height and thrives in the Pampas, invading gardens and crop-fields. Its stems are edible and the thistle flower is an ornamental motif, frequently present in the Río de la Plata silver-work.

3 **enero** *January*

Cría de equinos

La cría de equinos es una importante actividad rural que abarca desde el caballo criollo destinado a las tareas rurales, hasta los caballos pura sangre y petisos de polo que la Argentina exporta con enorme éxito a los mercados más exigentes del mundo.

Horse-breeding

Horse-breeding is an important rural activity and production ranges from the "criollo" horse destined to farm tasks to the pure-bred and polo horses which Argentina exports with enormous success to the most demanding markets in the world.

diciembre *December* **29**

Tango

Música nacida a fines del siglo XIX del crisol de culturas del Río de la Plata, y danza sensual que la Iglesia condenaba y la Policía llegó a prohibir por escandalosa, el tango hizo camino hasta los más prestigiosos salones y teatros del mundo.

Tango

Born in the late 19th century of the cultural melting-pot of the Río de la Plata, the sensuous tango was condemned by the Church and even forbidden by the Police for its scandalous nature, before it managed to reach the most prestigious "salons" and theatres in the world.

2 enero
January

El Rosedal
(Ciudad de Buenos Aires)

Se encuentra dentro del Parque "3 de Febrero", protegido por una reja de hierro forjado. En su interior se destaca el Jardín de los Poetas, con bustos de los más importantes escritores y la Rosaleda, corazón del parque donde florecen más de 12.000 ejemplares de rosas.

El Rosedal
(Buenos Aires City)

Protected by wrought-iron railings, in the "3 de Febrero" park, the "Poets' Garden" displays busts of important writers and, in the heart of the park, over 12,000 rose-trees flower in the Rose Garden.

30 diciembre
December

Glaciar Perito Moreno
(Santa Cruz)

Parte del hielo continental patagónico sur, que junto con el hielo continental patagónico norte forma una de las reservas de agua dulce más grandes del mundo, el glaciar Perito Moreno cubre una superficie de alrededor de 200 km^2.

Perito Moreno Glacier
(Santa Cruz)

Part of the Southern Patagonian continental ice-mass which, together with the Northern Patagonian continental ice-mass, makes up one of the largest sweet water reservoirs in the world, the Perito Moreno glacier covers an area of around 200 sq km.

enero
January
1

El Palmar (Entre Ríos)

Estos ejemplares de Yatay (*Butia yatay*), que integran el denso bosque natural del Palmar de Colón, en el centro oeste de la provincia de Entre Ríos, alcanzan los 10 metros de altura. Algunos de ellos tienen cientos de años de antigüedad.

El Palmar (Entre Ríos)

These specimens of Yatay (Butia yatay) which make up the dense natural forest of the Colón palm grove, located in the midwest of Entre Ríos province, grow to a height of 10 metres. Some of these trees are hundreds of years old.

31 **diciembre**
December